COLECCIÓN CORRERÍA
Ensayo

Colección dirigida por *Iñigo Santolaya del Val*

Título original: *Time and its discontents*
Traducción y Prólogo: *Moisés Ramírez*
Antílogo: *Gustavo Bueno*
Ilustración: *Francesc Capdevila ("Max")*
Fotografía: *Alfredo Alday*
Diseño Gráfico: *Fernando Illana*
Corrección de pruebas: *Mónica Santolaya del Val*

Primera edición en castellano: *Septiembre* 2001
Primera edición en inglés: *Anarchy: a journal of desire armed*, EE UU. 1994

IKUSAGER EDICIONES S.A
Reyes Católicos, 2. Vitoria-Gasteiz 01002 (España)
E-mail: ikusager@ctv.es

ISBN: 84-85631-83-8

DL: BI-2059-01

IMPRESO EN ESPAÑA

MALESTAR EN EL TIEMPO

COLECCION CORRERIA

JOHN ZERZAN

IKUSAGER

EDICIONES

El aguafiestas

Moisés Ramírez

Creo que la primera vez que oí hablar de John Zerzan fue charlando con mi amigo el editor Ernesto Santolaya, fundador y factótum de Ediciones Ikusager cuyo entusiasmo por ciertos proyectos editoriales mitad románticos, mitad munificentes, mitad suicidas suele resultar contagioso. Ernesto me lo presentó como «el Herbert Marcuse del siglo XXI». Era a finales de 1999, estaba muy reciente la revuelta de Seattle (luego seguirían las de Washington, Davos, Melbourne, Praga, Niza, Gotemburgo, Salzburgo, Génova...) y el nombre de este oregoniano de ascendencia checa se citaba como uno de sus inspiradores/instigadores ideológicos. La realidad era más compleja, como de costumbre, y pronto se vería que el naciente movimiento antiglobalización (que entonces todavía no se llamaba así, como ocurrió con Mayo del 68, donde al principio nadie supo de qué demonios iba aquello) iba a convertirse en un batiburrillo en el que cabía no sólo cualquier (des)organización de la izquierda extraparlamentaria estadounidense (comunistas, sindicalistas, ecologistas, humanistas, anarquistas, etc.), sino también —ya en la versión europea del invento— algún que otro neonacionalista sin estado que sueña con implantarlo por las malas, ciertos eco-agricultores celosos del escaso proteccionismo gubernamental para sus productos e incluso algún antifascista conservador, que también los hay, y bien rollizos. O los inevitables neonazis, que también se apuntan a la que salta... Hasta la Iglesia católica, tan global ella, quiere sumarse al sarao últimamente, indicio inequívoco de que la protesta antiglobalización empieza a verse como un caballo con posibilidades. Que hoy existan centros de activistas organizados hasta en Malasia y Filipinas demuestra que la diversidad de gentes que se sienten agredidas por el nuevo orden mundial inaugurado por papá Bush en 1991 es geográfica además de ideológica. Ya en «lo de Seattle» se vio que en las calles cabían todos, con tal de que les movilizara saber que el festejo de palacio lo pagaban ellos, sin haber tenido nadie el detalle de invitarles, y por supuesto exhibir unas endiabladas ganas de reventarlo. Por eso resultan tan estériles los reproches que habitualmente se lanzan contra los reventadores, como su uso de la violencia, por contraproducente para su supuesta causa común, el hecho de que, mientras luchan contra la globalización, hayan acabado globalizándose ellos[1] o su falta de alternativas que defender. Muchos, en efecto, no ofrecen nada a cambio: sólo buscan aguar la fiesta; y francamente es mejor que así sea, ya que, como se sabe, no hay nada tan malo que no pueda empeorar. Otros no aciertan a ver dónde está la famosa contradicción entre servirse de algunos aspectos del desarrollo tecnológico y luchar contra la doctrina económica conocida como globalización[2], esto es, contra el dominio del mundo —dominio del mundo, sí, como en los más delirantes cómics de la editorial Marvel— por unos oligopolios que anteponen sus insaciables «necesidades» de producir por producir a los derechos de los trabajadores que explotan, a la

[1] Por ejemplo, Flora Lewis: «The Anti-Globalization Spoilers Are Going Global». Herald Tribune, 6/7/01.

[2] Los datos disponibles indican que quienes señalan esta presunta contradicción entre medios y fines no sólo eluden distinguir entre globalización y mundialización, sino que también parecen exigir de los militantes antiglobalización una coherencia ideológica poco menos que teresiana: censurarles su uso de teléfonos móviles o internet viene a ser algo así como criticar a un marxista por tener tarjeta de crédito. El juicio peca de superficial, como muchas personas menos leídas deducen fácilmente: puesto que la agresión es global, la única respuesta efectiva será organizarse globalmente.

dignidad de los países que sojuzgan, al más elemental sentido común o incluso al plan de viabilidad que más debería interesarles: el de nuestro planeta.

Respecto de la reprobación de la violencia, es compartida por muchos activistas antiglobalización, aunque incluso éstos saben que, de no haber sido por ella, jamás habrían salido en la tele ni en los periódicos ni usted estaría leyendo este libro. Hay que reconocer, además, que se trata de una violencia muy fotogénica, generadora de un rechazo limitado, pues hasta ahora se ha dirigido, *unabombers* excluidos, solamente a objetos —salvo que incluyéramos los desiguales enfrentamientos con la policía en la categoría de «violencia contra las personas»— y en cualquier caso, no ha provocado víctimas mortales, mientras que no se puede decir lo mismo de la violencia policial contra los manifestantes, que ya se ha cobrado una vida humana en Génova y un herido grave de bala en Gotemburgo. Aunque las tornas pueden volverse en cualquier momento, lo cierto es que hasta ahora el limitado uso de la violencia por este movimiento le ha reportado más beneficios que perjuicios desde el punto de vista propagandístico; y hasta cabría cuestionarse, desde el punto de vista ético, la ilegitimidad de los destrozos de ciertos bienes inmuebles cuyos dueños no parecen sentir tanto apego ni escándalo por las personas que esclavizan, las hambrunas que consienten, los éxodos que provocan, los bosques que talan ni los ríos que envenenan; y todo para que su nombre pueda escalar un puesto en el inefable ranking de los hombres más ricos del planeta, que debiera ser de los más buscados. Ni que decir tiene que el poder es el primer interesado en propiciar la creciente identificación del activismo antiglobalización con la violencia callejera sin más; e incluso —como se viene denunciando cada vez con más insistencia y datos— en provocar choques entre los manifestantes y la policía para que toda manifestación se salde con enfrentamientos, a fin de justificar la represión posterior, liquidar toda posibilidad de debate y desviar la atención de la cuestión principal. Una batalla propagandística, en suma, que a la larga ganarán los que más ases tienen en la mano.

En cuanto a Zerzan, él jamás ha reclamado ningún liderazgo sobre toda esta movida y sería inexacto definirlo como un militante antiglobalización, porque no es que esté contra la globalización o contra el capitalismo en particular. Ni siquiera puede decirse, en rigor, que esté «contra el sistema», si eso quiere decir «este sistema». Su objeción es más profunda y, de hecho, es más que una objeción: es una oposición frontal a la civilización en general —la nuestra y las demás, las presentes y las pretéritas— y a cualquier forma de dominación de un ser humano por otro. No se trata de esta o aquella política económica; se trata del tinglado completo, de todo lo que la civilización nos ha hecho a los humanos ya desde el neolítico. Y además, no basta con cuestionarlo ni cabe reformarlo: es preciso derribarlo, pues el reformismo no hace sino retrasar la ineludible ruptura con el actual estado de cosas, ruptura que para el género humano se ha convertido en una cuestión de supervivencia. No hay nada que negociar; entre otras razones, porque tampoco es seguro que se pueda negociar nada, ya que no sólo todo se supedita a la economía, sino que además ésta parece haberse convertido en un ente autónomo e incontrolable incluso para sus perplejos monitores, a juzgar por la exégesis cuasi teológica que el neoliberalismo —que no tiene mucho de liberal y tampoco tanto de neo— hace de lo que llama las leyes del mercado. Pues como advierte, con su habitual clarividencia, Sánchez-Ferlosio, «la libre competencia es un circuito que funciona por mutua constricción comparativa, y cuanto más orgánico, más vasto y general se vuelva ese resorte, mayor será la pérdida de libertad del hombre [...] es teóricamente incompetente pensar que ni aun los grandes gestores del mercado puedan salirse del círculo vicioso de un "crecimiento" autorrealimentado, de una producción convertida en un fin en sí mismo, de una "creación de riqueza" cada vez más redundante por cuanto más autista y más inútil. Para ilustrar tal pérdida de libertad, baste un ejemplo: el adjetivo "sostenible" se sacó para decir "desarrollo sostenible", mentando la intención de encauzar "el crecimiento" dentro de límites que detuviesen la creciente destrucción de "la naturaleza"; pues bien, a raíz de una moción de Romano Prodi sobre la reducción de la emisión de gases deletéreos, el adjetivo "sostenible" ha sido usado en el sentido inverso: "reducción sostenible", es decir, sostenible para la producción y la "creación de riqueza". ¿Qué mayor prueba de la falta de libertad del hombre que esta de que el orden económico vigente, cada vez más redundante y destructivo para lo poco que ya había de sociedad y vida humana, tenga que ser defendido de la ecología, que intenta defender lo poco que va quedando de "naturaleza"? La acelerante marcha de la producción y "el desarrollo" no se defiende ya, en verdad, por ningunas razones positivas, sino por la exclusivamente negativa de la tremenda catástrofe que acarrearía un guachapazo generalizado de la instalación»[3].

Creo que Zerzan suscribiría completamente este análisis, exceptuando, quizá, la valoración de que el mencionado guachapazo fuera a ser necesariamente una catástrofe. El oregoniano lo valoraría más bien como una liberación, pero ni siquiera a él le he oído hablar con tanto y tan merecido desprecio de «ese embeleco de "las nuevas tecnologías", última zanahoria que han colgado delante de la cabra, para que siga andando hacia "el futuro", mientras el mundo se va cayendo a cachos»[4].

Hablando de tecnología, lo segundo que supe de Zerzan fue que no tenía coche. Luego resultó que tampoco tenía ordenador ni tarjeta de crédito ni casi teléfono («casi» significa que sí tiene, pero es compartido y sirve sobre todo para recibir llamadas, no para hacerlas) ni lleva reloj, pues, como Rousseau, se deshizo de él en su día. Sin embargo, periodistas de diferentes medios, incluidos algunos pretendidamente alternativos, repetían en particular lo del coche con sospechosa insistencia, como si carecer de automóvil propio constituyera prueba irrefutable de comportamiento excéntrico, cuando lo verdaderamente insostenible, como sabemos, sería que todo el mundo tuviera coche, aunque todo el mundo tenga uno, o dos, en Estados Unidos[5], donde el verdadero lujo parece consistir en no necesitarlo. Bien mirado, tal vez no deba extrañar que la primera chispa contra la globali-

---

[3] Rafael Sánchez-Ferlosio: «Viviane Forrester». ABC, 1/7/01.

[4] Ibid.

[5] Bastará señalar, a efectos comparativos, que sólo en la isla de Manhattan hay más conexiones electrónicas que en toda África; o que el 65% de los habitantes del planeta nunca ha hecho una llamada telefónica. Véase Alejandro Llano: «La otra cara de la globalización». El País, 27/6/01.

zación[6] fuera a prender precisamente en su principal valedor, el país más industrializado del mundo en términos absolutos y, también, por eso mismo, el que cuenta con más víctimas de neurosis, depresión, ansiedad y trastornos de la alimentación entre sus ciudadanos, personas que ansían comunicarse con sus semejantes y se ven limitadas a relaciones de compraventa de bienes y servicios; si necesitan contacto directo, se les ofrece correo electrónico; contra la humana curiosidad por conocer el mundo, el afán por viajar cada vez más rápido a lugares igualmente desprovistos de autenticidad; en lugar de sexualidad, pornografía; en lugar de información, proceso de datos preprocesados; aislamiento en vez de pertenencia a una comunidad. Se aducirá que las enfermedades mentales se dan en todas las sociedades, pero también es estadísticamente innegable que a mayor industrialización y desarrollo tecnológico de éstas, mayor incidencia de aquéllas de siempre y aparición de algunas nuevas.

Después oímos más sobre Zerzan; por ejemplo, su muy publicitado apoyo a la ideología resumida en el manifiesto de Theodore Kaczynski, más conocido como *Unabomber*, un terrorista luddita que, como se recordará, había mantenido una larga campaña de atentados contra científicos e instalaciones tecnológicas, la cual, según amenazaba, no cesaría hasta que la prensa publicara su manifiesto de 232 puntos y 36 notas, un extenso panfleto para denunciar los males que la revolución industrial había acarreado a la humanidad. En un controvertido intento de evitar nuevos atentados, The New York Times y The Washington Post accedieron a esta exigencia y publicaron conjuntamente el manifiesto, que al final tampoco era para tanto. Poco después, *Unabomber* era detenido. Zerzan, por cierto, no ha sido el único en mostrar públicamente su acuerdo con *Unabomber* —aclarando siempre que discrepaba de sus métodos y que para él la vida humana es sagrada—: alguien tan poco sospechoso de luddismo y apología del terrorismo como Bill Joy, co-fundador de Sun Microsystems, leyó un extracto del manifiesto sin conocer su

---

[6] «La palabra es casi sinónimo de la incapacidad de los ciudadanos para determinar sus asuntos». Ralf Dahrendorf: «Los de Seattle». El País, 16/7/01. Lord Dahrendorf es ex director de la London School of Economics.

autoría y tuvo que reconocer, bien a su pesar, su coincidencia con muchos de los puntos de vista contenidos en él[7].

En el trato personal, Zerzan demostró ser la antítesis del intelectual ególatra. También demostró la veracidad del aserto que define el anarquismo como el rechazo de toda autoridad, entendiendo autoridad en el sentido usual y también en el etimológico, y entendiendo rechazo tanto por pasiva como por activa; es decir, un anarquista debe rechazar ser dominado, pero también toda pretensión de dominar a otros, del mismo modo en que el rechazo de la propiedad privada bien entendido debe necesariamente empezar por la propia —e incluir la intelectual, por cierto; todos sus libros incluyen una nada frecuente declaración de anti-copyright—. Dotado de una amabilidad y afabilidad naturales y de una cortesía típicamente norteamericana, John sabe ser didáctico sin ser paternalista y riguroso sin caer en la pedantería; su persona es tan accesible y a la vez tan densa como su prosa, una prosa bastante prosaica, desapasionada y sin concesiones, con pocas bromas para no paliar la gravedad de lo que se denuncia, plagada de alusiones, difícil de seguir a veces, demasiado obvia otras. Estamos ante una obra rugosa que dosifica la mala uva y coquetea con el estilo panfletario, en su obsesión por combatir el modo en que la economía industrial y ahora la informática están modificando nuestra manera de pensar sin que ni siquiera nos demos cuenta.

Este libro habla, entre otras cosas, de globalización y también, más todavía, de pensamiento único, pero no menciona una sola vez ninguno de estos dos términos. Si el lector no gusta de leer entre líneas, no le aconsejo el libro. Tampoco si espera vérselas con un visionario, un predicador, un iluminado. Zerzan sabe lo que dice. Se podrá alegar que lo dice mal o discrepar de sus rece-

---

7 «No soy ningún apologeta de Kaczynski, quien con sus bombas asesinó a tres personas durante una campaña de terror que duró diecisiete años. Además, *Unabomber* hirió gravemente a mi amigo David Gelernter, uno de los científicos informáticos más brillantes y visionarios de nuestro tiempo; y, como muchos de mis colegas, yo mismo temía convertirme fácilmente en el próximo objetivo de Kaczynski. Sus actos eran criminales y, en mi opinión, demenciales. Es evidente que se trata de un luddita, pero decir tal cosa no es suficiente para rebatir su argumentación y, por duro que me resulte confesarlo, me parecía que los razonamientos hechos en estos párrafos tenían cierto fundamento». Bill Joy: «Why the future doesn't need us». Wired, abril de 2000.

tas, pero es difícil refutarle el desolador diagnóstico. En sus propias palabras (cito libremente), «mucha gente ridiculiza lo que digo, pero, por raro que parezca, aún no he encontrado a nadie que defienda, explícitamente y con todas sus consecuencias, el orden vigente; alguien que me diga: "pero ¡qué sandeces dice usted, hombre!, si vivimos en el mejor de los mundos, si esto es lo que yo quiero para mis hijos"». O también: «o luchas o te callas; ya no es tiempo de quejas». Y este hombre es de los que luchan y no se callan.

El presente volumen, primera traducción al español de la obra de Zerzan, incluye cuatro ensayos especialmente representativos. *Futuro de primitivo*, el primero de todos ellos, es un ensayo fundamental no sólo en la obra de Zerzan, sino de la ideología anarco-primitivista, que se resume en la convicción de que la civilización, la cultura y cualquier forma de pensamiento simbólico tienden a subyugar y esclavizar al ser humano, ahogando su libertad original, destruyendo la armonía natural y provocando toda clase de conflictos y disputas al sacralizar la propiedad privada e incitar así a la codicia. El anarco-primitivismo resucita la teoría rousseauniana del buen salvaje[8] para idealizar en cierto modo la vida incivilizada y atribuir a la civilización en general y a la revolución agrícola en particular la raíz primera de todos los males que nos aquejan hoy. Entiende Zerzan que antes de ser civilizados por la agricultura y domesticados por la cultura a secas, vivíamos en intimidad con la naturaleza, en condiciones de igualdad sexual y social, que éramos sabios en un sentido vagamente panteísta y disfrutábamos de buena salud, estado beatífico que él identifica con el mito del paraíso perdido, como identifica al arte con el aullido desesperado por esa pérdida: «Al adoptar la cultura simbólica y la división del trabajo hemos tomado un desvío monstruosamente equivocado: abandonamos un mundo de encanto, entendimiento y completitud para acabar destapando la nada en el corazón del reverenciado progreso.

[8] Fernando Savater, en «El buen salvaje y el mal anarquista» (Impertinencias y desafíos) ha rebatido de manera bastante convincente esta visión rousseauniana de la naturaleza humana contraponiéndola a la defensa de la civilización y la cultura por Voltaire.

Vacía y vaciante, la lógica de la domesticación y su insaciable exigencia de control ha terminado por descubrirnos la ruina de la civilización, que arruina todo lo demás. El menosprecio sistemático por la naturaleza nos ha conducido a la tiranía de unos sistemas culturales que pronto harán la misma tierra inhabitable».

El segundo ensayo, *Psicología de masas* desdichadas, diagnostica la profunda infelicidad que aflige al norteamericano medio —por extensión, al ciudadano moderno— y analiza la psicología de masas como instrumento de control al servicio del poder establecido. Sin llegar a negar —como hace Szasz— el concepto de enfermedad mental al uso, Zerzan critica ferozmente las teorías freudianas y bebe en las fuentes de la antipsicología para denunciar la vertiente represora de una ciencia cuya objetividad es sólo aparente: «En años recientes, Szasz, Foucault y Goffman, entre otros, han llamado la atención sobre los prejuicios ideológicos con los que se contempla la "enfermedad mental". La terminología "objetiva" encubre sesgos culturales, como ocurre, por ejemplo, con los "desórdenes sexuales": en el siglo XIX la masturbación se trataba como una enfermedad; y también los homosexuales eran clasificados como enfermos por el establecimiento psicológico hasta hace apenas veinte años. Hace mucho que es diáfana la existencia de un componente de clase en los orígenes y tratamiento de la enfermedad mental. Ya no es sólo que lo que no pasa de comportamiento "excéntrico" entre los ricos suele en cambio llamarse desorden psiquiátrico —y tratarse de manera completamente diferente— entre los pobres; es que además muchos estudios [...] han demostrado cuánto más expuestos están los pobres a la invalidez emocional».

El mayor y más repetido reproche que Zerzan hace a la psicología es que niegue la existencia de conflictos sociales y culpabilice al individuo de un sufrimiento provocado sobre todo por nuestro apartamiento de la naturaleza, la incomunicación y el aislamiento sociales y un estilo de vida cada vez más artificial e insano, marcado por el sometimiento a las demandas de la producción industrial. Por ejemplo, a las personas que padecen unos niveles de estrés laboral intolerables se les recomienda que respiren hondo, den paseos o griten para desahogarse; nunca que abandonen ese trabajo que les provoca tanto estrés. Otro ejemplo: la resistencia de casi todos los niños a ser escolarizados lleva a los psicólogos a la conclusión de que el niño «tiene un problema» —en concreto, siempre se le diagnostica hiperquinesis—. Jamás se reconoce que la escuela es algo antinatural que por fuerza tiene que provocar un profundo rechazo en personas que acaban de iniciarse en la domesticación. Este desolador ensayo concluye no obstante con una llamada a la esperanza: «...es muy posible que la sociedad psicologizada fracase en su intento de desviar o diferir el conflicto formulando su pregunta favorita: "¿Puedo cambiar?" Porque la pregunta pertinente es si este mundo que nos impide cambiar a nosotros puede ser obligado a cambiar él. Hasta quedar irreconocible».

Tonalidad y totalidad es un repaso de la historia de la música, desde sus orígenes matemático-religiosos hasta su invasión de innumerables aspectos de nuestra vida diaria en la actualidad. Zerzan ve en la música tonal una limitación de las ricas posibilidades de este arte, para adaptarlo al cumplimiento de una función amansadora de la sociedad. Para servir a este propósito, la música deberá ser «agradable», apaciguadora y «fácil de escuchar»; pero mientras se subordine a la tonalidad, también será reflejo de la alienación en que vivimos. En una palabra, servirá como vehículo transmisor de la ideología dominante. Es ocioso subrayar los paralelismos con la globalización y el pensamiento único que subyacen a este punto de vista, pues son evidentes:

«Investigaciones realizadas en la Universidad de Chicago demostraron la existencia de más de mil trescientos tonos discernibles por nuestro conocimiento melódico. Sin embargo, sólo una parva fracción de ellos está permitida».

O, traducido a nuestra vida cotidiana:

«...al final bien pudiera ocurrir que una de nuestras características más significativas sea el hecho de que todos nacemos aprestados por la naturaleza para vivir un millar de vidas, pero morimos habiendo vivido una solamente».

Así pues, será música emancipadora aquélla que prescinda de la tonalidad, como la libérrima música atonal del primer Schömberg. Por el contrario, Zerzan nos alerta contra la falsa liberación a través de músicas como el rock y sus derivados, que, bajo una imagen de rebeldía meramente externa, esconden una completa sumisión a la tonalidad y, mediante un proceso de asimilación bastante rápido, acaban integrando en la ortodoxia el grito de protesta más heterodoxo. La prueba de la falsedad de esta rebeldía es su comercialización, es decir, su banalización al servicio del capital. La supuesta revolución se quedaría así en unas letras algo más atrevidas y una subida del volumen. Lo cierto es que, como dijo Nietzsche, «jamás nos desharemos de Dios mientras sigamos creyendo en la gramática»; y la gramática de la música se llama tonalidad.

El malestar en el tiempo, el más denso y filosófico de estos cuatro ensayos, desmenuza nuestra progresiva sumisión al tiempo mediante una sugestiva historia de la relojería y otros sistemas de medición de la magnitud temporal. Zerzan presenta al tiempo como un gran tirano que nos gobierna inexorable e inapelable, de la mano de la alienación que propicia y representa. Esta alianza es tan indisociable que bastaría con que nos negáramos, colectivamente, a someternos al tiempo para que la alienación se desvaneciera por sí sola. Desde Einstein sabemos que nuestro concepto del tiempo es subjetivo. Para Zerzan es, además, prescindible:

«El tiempo, necesariamente, fluye; sin su paso no existiría sensación de tiempo. Todo lo que fluye, sin embargo, sólo puede fluir con respecto al tiempo. Luego el tiempo fluye con respecto a sí mismo, lo cual carece de sentido: nada puede fluir con relación a ello mismo. No existe ningún vocabulario para una explicación abstracta del tiempo, aparte de los vocabularios que ya lo den por presupuesto. Lo necesario es cuestionarse todas estas premisas».

Zerzan reivindica movimientos históricos de resistencia al tiempo, como el quiliasmo medieval y el luddismo que saludó la revolución industrial destrozando los telares mecanizados que habían llevado a la ruina a los artesanos textiles. También, como cabía esperar, vindica la noción del tiempo que demuestran las comunidades primitivas, cuya vida, nos dice, «está dotada de ritmo, pero no de progresión». A su juicio, es posible retomar esta tradición en nuestros días y oponerse a una vida regida por el tiempo progresivo. Un ejemplo todavía modesto: «la Asociación por el Retraso del Tiempo, fundada en 1990 y activa en cuatro países europeos, cuenta con varios cientos de socios cuyo principal objetivo, bastante menos peregrino de lo que podría imaginarse, consiste en invertir la progresiva aceleración del tiempo en la vida cotidiana con el fin de depararse a sí mismos una existencia más satisfactoria». Un gesto simbólico, se dirá, pero nuestro incorregible aguafiestas arguye que lo verdaderamente simbólico es obstinarse en medir el tiempo y regir nuestras vidas por esta medición; y que a la espera de una revolución colectiva, no están de más los gestos de liberación individuales, por insignificantes que puedan parecer.

Suena el despertador: primera humillación del día. Para algunos no es más que un chiste; para otros, una invitación a arrojar el despertador por la ventana, a ver qué pasa ...o a comprobar si es verdad que no pasa nada. De momento, tendrás que seguir preguntando la hora de vez en cuando, pero por algo se empieza ◆

Madrid, julio de 2001

La nostalgia de la barbarie, como antiglobalización

Gustavo Bueno Martínez

1. Con el mayor placer obedezco a la invitación que me hace Ernesto Santolaya, animoso director de Ikusager Ediciones, para que ponga un prólogo al libro *Malestar en el tiempo,* de John Zerzan, que Moisés Ramírez ha traducido de modo excelente. Santolaya me ofrece en su carta de invitación dos advertencias previas que, por su interés para el lector en general, me apresuro a transcribir: «Aunque en ningún momento este autor [John Zerzan] menciona la *globalización,* ésta está al fondo. Él sugiere siempre al buscador de la historia rastreando hasta dar con las bifurcaciones en las que la humanidad perdió el norte y se encaminó al callejón con muro en que hoy se encuentra. La realidad es que público y medios lo han considerado como el guía filosófico de ese fenomenal movimiento que es la antiglobalización. Zerzan nunca ha reclamado liderazgo sobre tal movimiento y su traductor (Moisés Ramírez) dice que es inexacto definirlo como militante antiglobalización. Ni siquiera está contra este sistema, su objeción es más profunda, es una oposición frontal a la civilización en general, por lo que ésta nos ha hecho a los humanos, ya desde el neolítico. Para empezar nos impuso el anticopyright en los títulos de crédito, y ni un dólar por derechos de autor».

2. Un prólogo puede desempeñar muy diversas funciones: desde informar sobre la biografía y bibliografía del autor hasta subrayar y encarecer las líneas más nuevas y originales, a juicio del prologuista, de la obra prologada. También puede el prólogo informar sobre la ideología global del autor (según algunos, en este caso, una ideología anarco-ecologista). También el prólogo puede emprender la defensa galeata de objeciones que pudieran ser previstas en la obra. Pero tampoco está descartado, aunque sea menos habitual, que el prólogo se destine a criticar la obra del autor prologado, con lo que en lugar de prólogo, tendríamos entonces un antílogo o, si se prefiere, un prólogo orientado según la modalidad del antílogo.

Y entre todas estas opciones posibles, me he visto determinado a elegir la opción del antílogo. ¿Por qué? Porque en el libro de Zerzan he visto ante todo, en el 250 aniversario de la «revelación de Vincennes», una especie de reexposición al día de las tesis que Juan Jacobo Rousseau expuso como respuesta a la pregunta propuesta por la Academia de Dijon: «Si el restablecimiento de las Ciencias y de las Artes ha contribuido a depurar las costumbres». La respuesta de Rousseau se contiene principalmente, como es sabido, en su famoso *Discurso sobre las Ciencias y las Artes*, de 1750, y se complementa en el no menos famoso título, *Discurso sobre el origen y los fundamentos de la desigualdad entre los hombres.* La respuesta de Rousseau recibió, como también es bien sabido, el primer premio de la Academia de Dijon.

Pero Feijoo comentaba tres años después, en 1753: «Yo no sé con qué ojos la miró aquella Academia [a la *Disertación* de Rousseau] para decretarle la corona; porque todo lo que veo en ella es, debajo de un estilo declamatorio, visiblemente muy afectado, una continuada sofistería...» *(Cartas eruditas y curiosas,* tomo 4, carta 18, 3).

Ahora bien: yo me sitúo, ante el primigenismo neoroussoniano de Zerzan, en una posición parecida a la que Feijoo se encontraba ante las tesis mantenidas por Rousseau en sus discursos. Y por ello mi prólogo tiene que ser un antílogo, es decir, un prólogo crítico. Pero no tema el lector ninguna descortesía por mi parte respecto del autor cuyo libro tiene en sus manos; ni se precipite pensando que la única opción no descortés para quien (rechazando de plano las posiciones de tolerancia hacia cualquier opinión que alguien tenga a bien ofrecer) se ve forzado a poner un antílogo como prólogo, no es otra sino renunciar, al menos por una vez, al oficio de prologuista. Me parece que un prólogo crítico puede tener también un tanto de homenaje al autor, pues al menos así se le concede beligerancia, y no sólo beligerancia formal, sino beligerancia sistemática, es decir, reconocimiento del autor criticado como representante de una línea de pensamiento definible dentro del sistema de líneas posibles tomado como referencia.

Si es posible afirmar «que sólo entendemos a un autor cuando sabemos contra quién se dirige» (y añadiríamos: y cuando sabemos con quién va), un prólogo-antílogo que se proponga trazar las «líneas del frente de batalla» en las que se sitúan los adversarios y en las que se sitúan los aliados, puede ser muy útil, y aun necesario, para deslindar el alcance de las opiniones del autor, sobre todo cuando este no expone de un modo claro quiénes son sus aliados y quiénes son sus enemigos. Pues Zerzan no ha declarado «toda la verdad» al citar a sus aliados. Cita autores abundantes, pero casi todos ellos autores que han publicado obras durante los últimos treinta años. Ni siquiera cita a Rousseau. Y no porque trate de ocultar a su ilustre precursor, sino probablemente porque no considera pertinentes las cuestiones de precedentes (a la manera como un físico que expone la segunda ley de Newton tampoco considera pertinente incluir en el texto los precedentes históricos de esta ley, que a lo sumo hará figurar en alguna nota a pie de página, interesándose únicamente por ofrecer pruebas e ilustraciones experimentales). Zerzan tampoco parece dar como pertinentes las referencias a otros precursores u otras líneas sistemáticas que prefiguran sus propias posiciones, y no sólo por mera ignorancia, sino porque su método o «estrategia» de argumentación requiere citar sólo a «parte de los amigos o aliados», a saber, a aquéllos que puedan ser presentados como representantes de la vanguardia científica del presente. Tampoco ha citado a sus enemigos (a todos sus enemigos): sólo a Freud, a los posmodernos y a Marx (de pasada).

Y si esto es así se comprenderá fácilmente que las líneas que definen el campo de batalla ideológico que Zerzan nos va trazando en su libro habrán de resultar sesgadas, incluso eclipsadas muchas de las corrientes que por él circulan. Y por ello nos será posible esperar poder prestar algún servicio, en nuestro antílogo, al lector y, por qué no decirlo, al propio autor. Si «pensar es pensar contra alguien», será conveniente, y aún necesario, determinar contra quién piensa Zerzan, pues este *quién* no es sólo aquél que se le presenta «en persona» (Freud o Marx), sino un frente de fondo, mucho más amplio e indeterminado, que Zerzan parece obstinado a no querer delimitar, o si se quiere, a confundir con otras fuentes más o menos nebulosas.

En resolución, el propósito de mi antílogo no es tanto iniciar una controversia con el autor del libro, ni menos aún intentar refutarlo en cada uno de sus puntos. Mi crítica trata principalmente de clasificar y diagnosticar las posiciones de Zerzan, mediante el trazado de las «coordenadas» que tenemos por más pertinentes. Tenga mucho o poco que ver la ideología primigenista de Zerzan con los movimientos antisistema que se expresan hoy como movimientos antiglobalización, en general, y, en particular, con el llamado *Frente Negro*, o con los *Monos Blancos* que se hicieron visibles en los disturbios de Génova de julio de 2001; tenga poco o nada que ver la relación de Zerzan con *Unabomber* o con quienes se mueven en torno a *www.primitivism.com* —un primitivismo que se sirve de internet de la misma manera que los representantes de la Federación Internacional de Tribus Preestatales viajan en avión para conseguir sus objetivos— etc.; interesa a todos, y por motivos estrictamente práctico políticos, y no sólo académicos, determinar, con la mayor precisión posible, las líneas ideológicas que se abren camino en los enfrentamientos de referencia, tanto si estos se manifiestan por la vía pacífica de los Monos Blancos, como si se manifiestan por la vía violenta del Frente Negro. Lo importante, ante todo, es constatar los puntos de incompatibilidad: ni la violencia prueba la incompatibilidad ideológica (tampoco la desmiente) ni la vía pacífica prueba la compatibilidad o armonía de las posiciones enfrentadas (tampoco las desmiente).

3. Lo que el libro de Zerzan ofrece es en realidad un vibrante alegato contra la civilización en general (al menos contra toda la cultura humana que pueda haberse acumulado y reorganizado históricamente tras el descubrimiento de la agricultura), es decir, aproximadamente, contra todas aquellas formaciones culturales que suelen llamarse «civilización», cuando civilización se pone en relación con la *civitas,* y esta, a su vez, con la llamada *revolución neolítica,* en cuanto implica la que Gordon Childe llamó *revolución urbana,* y por tanto la sociedad civil o política que se constituye a raíz del *cultivo* (o *cultura*) regular de territorios acotados, frente a los extranjeros, por extensos que sean sus límites. El libro de Zerzan no es, por tanto, una «crítica de la cultura» en el sentido particular del término, por amplia que sea la particularidad considerada: no es una crítica a determinadas corrientes pictóricas, o arquitectónicas o musicales, ni es una crítica a los usos y costumbres propios del «estado de bienestar» del capitalismo, a partir del *New Deal* de Roosevelt. El libro de Zerzan viene a ser una crítica general, o universal, o si se quiere radical (a la raíz), de la civilización; y ello implica el *regressus* obligado hacia los mismos fundamentos de la Antropología y hacia la misma definición del Hombre.

Para quienes mantienen la concepción del hombre como «animal cultural», cuya evolución alcanza su plenitud en la Civilización desplegada a lo largo de su historia (el hombre es un «ser histórico» e incluso, hablando con Edgar Quinet, en fórmulas que después utilizó Ortega, el hombre es un ser «que no tiene naturaleza, sino historia»), resultarán ucrónicos, más que utópicos, los puntos de vista de Zerzan, en cuanto implican la reivindicación de una naturaleza humana (que nunca existió) extraviada, alienada, de su propia esencia, por la Civilización. Pero a su vez Zerzan, y los que como él piensan, podrían replicar a sus críticos tomando pie simplemente en el hecho de su propia actitud crítica. Podrían alegar, en efecto: «si el hombre se define como animal cultural, ¿cómo sería posible siquiera que el hombre pueda haber puesto en tela de juicio su propia esencia?» ¿Cómo podría haber salido fuera de sí mismo? Luego la posibilidad misma de suscitar una crítica general de la civilización implicará que la idea del hombre no puede identificarse con la idea del hombre como animal histórico. Sería inconcebible que un ser fuera capaz de alejarse de su propia esencia, extrañándose de ella. Luego si ese extrañamiento se ha producido y ha tomado conciencia en las concepciones contraculturales radicales (como pretende serlo la obra de Zerzan) es porque efectivamente el hombre, cuando reflexiona sobre su propia naturaleza (o esencia), se encuentra ya alejado efectivamente de la civilización, y esto sólo es posible si se encuentra más cerca del «hombre prístino», aún no corrompido por las artes y las ciencias, que del «hombre civilizado».

También es verdad que este argumento, fundado en el hecho mismo del planteamiento del «problema de la identificación entre el hombre y la civilización histórica», es decir, en el hecho mismo de la posibilidad de dudar de esta identificación, dista mucho de ser convincente. Pues su fuerza depende del supuesto según el cual la duda de referencia aparece, por sí misma, como tal, en la reflexión humana; pero este supuesto constituye una petición de principio, como petición de principio era también la «duda metódica universal» que Descartes propuso como conducente al «cogito». *La duda crítica universal acerca de la naturaleza cultural de la propia esencia humana no tiene por qué derivar de una reflexión crítica del hombre sobre su propia naturaleza. Podría ser entendida, de modo dialéctico, como el límite ideal, incluso inalcanzable realmente, de una serie indefinida de dudas críticas particulares.*

En una palabra: la «crítica universal de la cultura» no tendría por qué ser presentada como fruto de la «reflexión crítica antropológica del hombre, como totalidad, sobre su propia naturaleza», sino derivada de las críticas de unas «partes» de ese «hombre» frente a otras, es decir, como un límite ideal de infinitas series convergentes de críticas particulares: de la crítica de unos sistemas políticos a otros, de la crítica de unas religiones a otras, de la crítica de unas corrientes artísticas a otras, de la crítica de unas costumbres o normas morales a otras, etc. Dicho más brevemente, a nuestro modo: la crítica universal de la cultura no es el fruto de una reflexión *metamérica* radical del hombre sobre sí mismo, sino el límite de las infinitas confrontaciones *diaméricas* (o reflexiones objetivas) de unas partes de la civilización con otras, de unos hombres particulares contra otros, por ejemplo, de unas formas políticas contra otras, de unas clases sociales contra otras, de unas culturas frente a otras. De estos conflictos o polémicas omnipresentes, pero muy positivas en el terreno diamérico, entre las partes de la civilización (del «todo complejo») podrá resultar la fórmula, pretendidamente originaria, pero en rigor sustancializada, metafísica y vacía, y sólo inteligible como fórmula límite, de la «crítica universal de la civilización».

4. La crítica universal de la cultura que Zerzan ofrece en su libro apoya sus alegatos en una amplia bibliografía, cuyo análisis arroja un resultado inicial que me parece muy significativo: el 98 por ciento de las obras citadas en su abundante bibliografía tiene fecha posterior a 1970. Es decir, puede hablarse de una voluntad de atenerse a la «bibliografía reciente», actual y «vigente» (por lo demás, todo hay que decirlo, debidamente seleccionada: aquí no se cita, por ejemplo, a Marvin Harris, pero sí a Lévi-Strauss; tampoco se cita a Frans de Waal, por ejemplo). Pero desde el punto de vista de la estilística bibliográfica, lo decisivo es que en la bibliografía de Zerzan sólo ocasionalmente aparecen referencias a los clásicos (no aparecen mencionados, por ejemplo, no ya Platón, Aristóteles o Polibio, sino tampoco Ferguson, Morgan o Tylor). ¿Cómo interpretar esta estilística bibliográfica? A mi entender de este modo: Zerzan no habría querido presentar su obra como una disertación filosófica o política, sino, más bien, como una especie de manifiesto doctrinal (otros dirían, con mayor dureza: un panfleto) cuyas tesis son presentadas como si se «desprendiesen» del estado actual de las investigaciones antropológicas «vigentes». No se trata tampoco, sin embargo, de una obra de divulgación científica, porque el mismo componente ideológico (selectivo, programático, crítico, etc.) dice lo contrario. Más bien ocurre como si el autor hubiese adoptado una estrategia que consistiera en presentar sus tesis a la manera como un tratado de Física nuclear presenta hoy sus doctrinas, a saber, apoyadas en los hechos o pruebas experimentales disponibles. El autor de un tratado de Física nuclear no puede poner, en el mismo nivel bibliográfico, a Empédocles al lado de Bohr. Y así Zerzan, que no busca hacer historia ni sistema de las ideas, tam-

poco tendría por qué citar a los clásicos (¡ni siquiera a Rousseau!) junto a Sahlins o a Binford.

Zerzan parece rehuir todo asomo de argumentación filosófica (esto le obligaría a enfrentarse con los clásicos y con otras corrientes tradicionales), ni tampoco pretende ofrecer una detallada argumentación científica, que le hubiera obligado a una obra de varios volúmenes, dada la amplitud enciclopédica de su empresa. Por ello se ha visto casi obligado a utilizar el método de las «citas en serie». Las páginas de su libro se nos muestran como series de citas encadenadas (lo que de paso resulta extraordinariamente ameno y didáctico), pero de citas que tienen la voluntad de «espigar» o de «seleccionar» lo más significativo de la investigación antropológica vigente. Cabría decir que su estrategia expositiva consiste en subrogar la argumentación científica a las autoridades citadas: y por aquí aparecen semejanzas de la obra de Zerzan con una obra de divulgación científica, aunque no lo sea, según hemos indicado. La «ciencia», aquí utilizada al servicio de una ideología previamente delineada, es sólo un recurso de propaganda, a la manera como la ciencia es utilizada también selectivamente, con frecuencia, tanto por las sectas religiosas como por las empresas alimentarias.

5. El género literario que Zerzan utiliza, según lo entendemos, está muy bien escogido para sus propósitos de propagación (de propaganda) de una ideología dada, presentándola como si se desprendiese del estado actual de la investigación científico-antropológica. Pero ocurre que la ideología contracultural radical que aquí se nos ofrece no se deduce del «estado actual vigente» de la investigación científica; en realidad es esta ideología la que envuelve e inspira a los mismos investigadores «vigentes» seleccionados. Además, en todo caso, esta ideología deriva de otras ideologías anteriores al «presente científico», y, sobre todo, se enfrenta con otras ideologías que también inspiran a otras corrientes científicas del presente. Más aún: una ideología y, sobre todo, su alcance, no se puede entender cuando la desconectamos del sistema constituido por las ideologías dadas a su escala sobre la cuestión central. Cuestión que, por nuestra parte,

planteamos, por un lado, como la cuestión de las relaciones entre la «cultura» o civilización en general (la idea metafísica o sustancializada de «Cultura») y el «hombre» en general (la idea metafísica o sustancializada de «Hombre»), y, por otro lado, como la cuestión de las relaciones entre estas dos ideas sustancializadas y la no menos sustancializada o metafísica idea de «Naturaleza».

Por consiguiente, el procedimiento de ofrecernos este conjunto de tesis neoroussonianas como desprendidas y avaladas por la investigación científica vigente, equivale a desconectar, de modo culpable, este conjunto de tesis del sistema de alternativas ideológicas y metafísicas del que forman parte, y con las cuales en realidad están en polémica. Y esto es tanto como introducir una distorsión, también sistemática, en el tratamiento del asunto.

La única manera de corregir esta distorsión, por tanto, no podrá comenzar como una discusión detallada de cada uno de los alegatos científicos ofrecidos, contraponiéndolos a otros de sentido opuesto, porque con este procedimiento caeríamos en la trampa propuesta por el autor, y seguiríamos prisioneros del sistema de alternativas metafísicas de las que estamos hablando. Ahora bien, insertar una ideología definida (como la presente) en un sistema de alternativas pertinentes es ya una operación crítica de clasificación, y al esbozo de esta operación nos limitaremos en este prólogo. La crítica más profunda a las posiciones del contraculturalismo radical tendrá que proceder de la crítica al sistema total de alternativas por estas posiciones implicadas, y no a la crítica de alguna de sus líneas particulares, adoptando la perspectiva de otras líneas del sistema.

6. Es obvio que para llevar a cabo una tarea crítica de diagnóstico y clasificación semejante es imprescindible disponer de un sistema taxonómico adecuado; en otro caso, sería imposible una tal tarea.

El sistema combinatorio de alternativas que utilizamos aquí, para tratar de situar, como en un mapa, la posición de Zerzan, lo tomamos de nuestro libro *El mito de la cultura* (primera edición de 1995).

A fin de cuentas el libro de Zerzan no es otra cosa, por su temática, que una «teoría general de la cultura»; en todo caso la presupone o la ejercita. El lector juzgará sobre la pertinencia del sistema combinatorio que utilizamos para el análisis de la ideología expuesta en este libro, y podrá a su vez criticarlo, supuesto que disponga de un sistema más potente.

7. Entendemos aquí por teorías metafísicas de la cultura (o por teorías metafísicas sobre la ontología de la cultura) a todas aquellas concepciones que tienen por objeto establecer las relaciones que la idea moderna de cultura (que suponemos configurada en la Alemania de finales del siglo XVIII como secularización de la idea católica del «Reino de la Gracia») habrá de mantener con las ideas de «Naturaleza» (o «Mundo») y de «Hombre» (o «Humanidad»), tomadas como ideas de dos «entidades» también totalizadas de un modo *sui generis* (por ejemplo, en la consabida definición de Tylor: «La cultura o civilización es el *todo* complejo...»). Los problemas filosóficos que a partir del siglo XVIII se suscitan en torno al sistema de relaciones *entre el Hombre, la Naturaleza y la Cultura,* no serían, según lo anterior, otra cosa sino la transformación secularizada de los problemas teológicos que, desde la Edad Media, venían planteándose a propósito de las relaciones entre el «Reino del Hombre», el «Reino de la Naturaleza» y el «Reino de Dios». Como eslabón de esta transformación habrá que considerar precisamente a la idea de Dios, en su versión teológico-dogmática (contrapuesta a la visión teológico natural de la idea de Dios, procedente de Aristóteles), a saber, la idea del Reino de la Gracia.

8. He aquí las dos familias de alternativas probablemente más profundas en función de las cuales podemos separar las concepciones que han tratado de entender las relaciones entre el Reino de la Cultura y el Reino de la Naturaleza:

A. Una primera familia de alternativas defenderá la idea de que el Reino de la Cultura es irreductible al Reino de la Naturaleza. El Reino de la Cultura será entendido como una creación del Espíritu; una creación que se «sobreañade», de algún modo, a la Naturaleza, a la manera como San Agustín, el «Doctor de la Gracia», concibió la acción del Espíritu Santo, de Dios, cuando confirió a la naturaleza humana el privilegio de participar sobre-naturalmente de su propia esencia. Podríamos englobar a las diferentes versiones de esta primera alternativa con la denominación de *«espiritualismo de la cultura»*. Ni que decir tiene que el término «espiritualismo» lo tomamos aquí en su sentido filosófico (espíritu = forma separada activa), dejando de lado la acepción mitológica del término, propia del animismo (a la que no cabe aquí dar la menor beligerancia).

B. Una segunda familia de alternativas defenderá la idea de que el Reino de la Cultura se reduce al Reino de la Naturaleza, y forma parte de él; el pelagianismo es la doctrina homóloga, en el terreno teológico, en el que se planteó la cuestión de las relaciones entre el Reino de la Gracia y el Reino de la Naturaleza. Podemos caracterizar a las concepciones clasificables en esta segunda familia como representantes del *«materialismo (o naturalismo) de la cultura»*.

9. En cuanto a los modos de concebir las relaciones entre el Reino de la Cultura y el Reino del Hombre, el criterio que seguimos es ternario. Distinguimos tres «familias» de concepciones suficientemente diferenciadas:

a. La familia formada por las concepciones que podríamos denominar genéricamente como *humanismo culturalista*, porque se caracterizan por defender la identificación plena entre el Reino de la Cultura y el Reino del Hombre, independientemente de que esta identificación sea interpretada con el signo positivo del «optimismo antropológico» o bien con el signo negativo del «pesimismo antropológico». El común denominador de estas concepciones puede ponerse en la definición del hombre como «animal cultural» (para bien o para mal). Entre los representantes de este humanismo culturalista así definido podríamos citar a Quinet, a Cassirer, a Ortega, a Malinowsky, a Harris, pero también a Ludwig Klages o a Edgar Daqué.

b. La familia formada por las concepciones *jorismáticas* (separadoras), que podríamos denominar genéricamente como *antihumanismo o como anticulturalismo*, en cuanto versiones posibles de la tesis de la no identificación o separación entre el Reino de la Cultura y el Reino del Hombre. Como representantes de esta «familia» cabría citar los nombres de N. Hartmann, Frobenius, Spengler, pero también a nombres de una larga tradición en la que cabría alinear tanto a Diógenes el Cínico como a Rousseau.

c. La familia constituida por las concepciones que defienden la tesis de la mera intersección o identificación parcial —por tanto, también de la separación parcial— entre el Reino de la Cultura y el Reino del Hombre. El nombre de Hegel, pero también el de Marx o el de Freud, podrían ser citados como representantes más notorios de esta familia de concepciones.

10. Es importante constatar la independencia que media entre las familias A y B (delimitadas a propósito de las relaciones Cultura/Naturaleza) y las familias a, b y c (delimitadas a propósito de las relaciones Cultura/Hombre). Independencia que no tiene que ver con la separabilidad de las respectivas relaciones, pero sí con su disociabilidad. Queremos decir, que las concepciones A (y, por su parte, las B) han de mantenerse conjuntamente con alguna de las concepciones a, b o c; así como recíprocamente.

Esta característica nos permite establecer un mapa de los cruces de las líneas directrices por las que se desenvuelven las que venimos llamando concepciones metafísicas de la cultura, según que estas líneas pasen por las relaciones entre la idea de Cultura y la idea de Naturaleza, o bien por las relaciones entre la idea de Cultura y la idea de Hombre. Podemos representar este mapa en la forma de una tabla de teorías (de una teoría de teorías) de la ontología metafísica de la cultura, como la siguiente:

Cultura/Hombre Cultura/Naturaleza	a Humanismo Culturalista	b Antihumanismo o anticulturalismo	c Praeterhumanismo
A **Espriritualismo de la cultura**	**(1) Aa** *Espiritualismo humanista* Herder, Fichte, Cassirer, Ortega	**(2) Ab** *Sobrehumanismo cultural y espiritualismo antihumanista* Frobenius, Spengler, Kerler	**(3) Ac** *Espiritualismo praeterhumanista* Hegel
B **Materialismo de la cultura**	**(4) Ba** *Materialismo cultural* (i) Naturalismo humanista, de signo optimista o positivo. Tylor, Malinowski, Harris (ii) Naturalismo antihumanista, de signo negativo o pesimista. Klages, Daqué	**(5) Bb** *Materialismo anticulturalista* (i) Humanismo contracultural. Diógenes, Epicuro, Ascetismo cristiano, Antonio de Guevara, Rousseau, Lévi-Strauss... Zerzan (ii) Infrahumanismo Desmond Morris, Proyecto Gran Simio	**(6) Bc** *Materialismo praeterhumanista* (i) De signo optimista Marx, materialismo histórico Freud, psicoanálisis (ii) De signo pesimista: posmodernismo (Foucault)

11. Podemos arriesgarnos, desde esta taxonomía, a un diagnóstico orientado a situar a la concepción ontológica de la cultura mantenida por Zerzan en el conjunto de las concepciones metafísicas posibles según los criterios directores de la tabla.

Con seguridad, el lugar que, en el «mapa» representado por esta tabla, corresponde a las posiciones de Zerzan se encuentra en el cuadro (5), el que hemos definido como *humanismo contracultural,* primera versión (i) del materialismo o naturalismo anticulturalista. Este es nuestro diagnóstico.

Huimos de la prolijidad, tan tentadora en la presente ocasión, y nos limitamos a subrayar las principales implicaciones de este nuestro diagnóstico.

La primera, que la concepción de Zerzan se nos presenta, antes que como una mera «conclusión» del supuesto estado actual de la investigación científico antropológica (y ello, aún en el supuesto de que efectivamente la ideología de Zerzan estuviese apoyada por tal estado de la investigación), como un episodio más de una tradición ideológica muy anterior a la constitución de las «ciencias humanas»; por tanto, una tradición ideológica cuyas causas (sociales, psicológicas, religiosas...) hay que situar en un lugar muy diferente de aquél en el que se mueve la investigación científica actual. Es la tradición mítica de la «Edad saturnal», recuperada por los cínicos (en su oposición entre *physis* y *ethei*), cuyas conexiones con los «sabios desnudos» de la India (los gimnosofistas) ha sido de vez en cuando señalada. Una tradición que se canaliza a través del epicureísmo, en lo que tiene de repliegue de la vida de la ciudad (de la vida política: *suave mari magnum*...) y, que en el cristianismo, sigue fluyendo por los cauces del ascetismo (los Padres del Yermo, la *Vida retirada* de Fray Luis de León, el *Menosprecio de Corte* y el «villano del Danubio» de Fray Antonio de Guevara) y desemboca en el «buen salvaje» de Rousseau, tantas veces evocado en los *Tristes trópicos* de Lévi-Strauss y, por supuesto, en muchas tradiciones de ese anarquismo que podríamos denominar «anacrónico, nudista y vegetariano» (Brenan dice, refiriéndose al anarquismo español del siglo pasado, que vio cómo muchos anarquistas añoraban la edad primordial en la que se comían los alimentos crudos con las manos).

La segunda implicación de nuestro diagnóstico es la gran distancia que el humanismo contracultural de Zerzan guarda respecto de la versión (ii) del materialismo anticulturalista, es decir, la que designamos en la tabla como *infrahumanismo.* Esta concepción tiene, en efecto, caracteres opuestos a los del humanismo optimista de Zerzan, porque ahora se insiste en la supuesta subordinación de la cultura humana respecto de las culturas animales, sin que por ello se concluya una inferioridad del hombre. Demócrito enseñaba que los hombres habían aprendido de las arañas el arte del tejer, y de las abejas el arte de edificar; Desmond Morris sugiere cómo nuestros frigoríficos no representan un invento distinto de ciertas técnicas de animales carniceros enterrando a sus presas a fin de preservarlas. Se dibuja así una contraposición entre un humanismo contracultural, de inspiración etnologista, y un infrahumanismo de inspiración etologista. Curiosamente, las posiciones más extremadas del humanismo contracultural (que predican el retorno a la humanidad prístina) no se confunden con las posiciones más extremadas del etologismo (el «Proyecto Gran Simio»). De hecho Zerzan no cita siquiera el Proyecto Gran Simio; diríamos que se evita dar el paso al límite en el proceso de aproximación entre el regreso al hombre prístino y el regreso a sus antepasados simios. Y es que ambas ideologías (las que señalamos por 5i y 5ii) contienen elementos antagónicos: el Proyecto Gran Simio contiene un programa mucho más radical que el de la ética animal, a saber, el programa de ampliación de los Derechos Humanos hasta los póngidos y, por tanto, la ampliación hacia el futuro de la humanidad, a fin de englobarla en el conjunto de los primates, «nuestros hermanos»; mientras que el proyecto etnologista es más bien un programa de ampliación de la humanidad «hacia el pretérito» (hacia los dos millones de años que preceden al Neolítico), pero en realidad es restrictivo hacia el futuro, en la medida en que implica la estrategia de reducción de la población mundial.

La tercera implicación de nuestro diagnóstico se refiere a la gran distancia entre la ideología representada por Zerzan y la ideología del materialismo cultural, tanto en su versión optimista (mantenida por la «corriente central» de la antropología clásica, desde Tylor y Morgan hasta Marvin Harris) como, sobre todo, en su versión pesimista. Porque el humanismo contracultural se mantiene en una posición diametralmente opuesta al naturalismo pesimista de un Klages o un Daqué. Para el humanismo anticultural, el hombre, ser admirable, corrompido por la cultura, puede ser rescatado regresando hacia sus orígenes; para el naturalismo pesimista el hombre está enfermo desde su propia raíz, es un mono mal nacido que ni siquiera ha llegado a término (hipótesis neoténica de Bolk) y la cultura no es sino un remedio ortopédico que no podría ser separada del hombre sin destruirlo; por ello no cabe propiamente una recuperación del hombre, tanto si vamos hacia atrás como si vamos hacia adelante. Mientras que para Klages es el hombre malformado el fundamento de la devaluación de su cultura, para Zerzan es la cultura la que devaluaría a un hombre que, por sí mismo, por estar bien formado, no necesitaría de la civilización.

Y aquí advertimos también, como una cuarta implicación en nuestro diagnóstico, la gran distancia entre el humanismo contracultural y el materialismo praetercultural. Aunque Marx, y también Freud —Zerzan hace explícita su oposición a ellos—

hayan mantenido una constante actitud crítica respecto de la cultura humana, aunque sus escuelas hayan tocado abundantemente el tema de la alienación del hombre en la civilización y el papel represivo de la cultura, sin embargo no han enseñado la necesidad de regresar a un «estado de naturaleza». No es en el pretérito, sino en el futuro, cuando, según Marx, podrá darse por acabada la «prehistoria» de la Humanidad, y con ello la aparición del hombre real que, sin embargo, sobre todo en el curso de la historia de la producción (de la civilización), podrá llegar. El rechazo que desde la idea de una sociedad comunista se hace de la civilización capitalista no significa una invitación para regresar hacia el pretérito (sea hacia el feudalismo, sea hacia el esclavismo, sea hacia el modo de producción asiático; ni siquiera hacia la comunidad primitiva), sino para progresar hacia el futuro. Un futuro que el llamado posmodernismo no sitúa en una sociedad socialista (un mero «gran relato») sino en un estadio de la sociedad que tampoco se concibe como una «recuperación del pretérito», sino como precisamente algo posterior a la modernidad. Por ello Zerzan también mantiene explícitamente sus distancias frente a los posmodernos, a quienes objeta su tesis (la de Foucault) de que una sociedad sin relaciones de poder sólo puede existir como abstracción. «Nos están mintiendo, salvo que nos resignemos a la muerte de la naturaleza renunciando a lo que fuimos y a lo que podemos recuperar. Turnbull describió las danzas del pueblo mubuti como expresiones de tal intimidad con el bosque que casi parecían hacer el amor con él. En el seno de una vida entre iguales eso no tiene nada de abstracto [dice Zerzan]; eso es algo que está luchando por sobrevivir "bailando con el bosque, bailando con la Luna"».

La quinta y última implicación de nuestro diagnóstico que indicaremos es la oposición general del humanismo contracultural a todas las formas de la ontología espiritualista de la cultura, y en particular, la oposición frontal al sobrehumanismo de la cultura. Porque para el humanismo contracultural, la cultura, lejos de elevar al hombre por encima de su condición animal de primate, lo degrada y lo lleva hasta situaciones infrahumanas.

12. También seré muy breve (puesto que no me he propuesto «refutar» a Zerzan, sino sólo «diagnosticarlo») en la exposición de los motivos por los cuales me parece que hay que considerar como metafísica a la ideología de Zerzan (juntamente ahora con todas las demás posiciones que figuran en la tabla antecedente). Con esto quiero por mi parte dar a entender que mis posiciones, frente a Zerzan, no se sitúan en alguno de los cuadros de la tabla taxonómica de referencia, sino fuera de ella, es decir, fuera de la metafísica, ya sea esta naturalista, ya sea espiritualista. Y consideramos metafísico a todo tratamiento de las ideas de Cultura, Hombre y Naturaleza cuando ellas son referidas a entidades sustantivadas o totalizadas «de modo compacto», como entidades susceptibles de ser coordinadas o enfrentadas, en cuanto tales totalidades, las unas a las otras.

I. Pero Zerzan trata a la civilización como si fuese una entidad que ha extraviado al hombre fracturando su prístina identidad. Y Zerzan engloba en esta idea de civilización, de cultura, a las instituciones, esferas o estructuras más heterogéneas, condenándolas a todas ellas como responsables de la perturbación de la paz y de la felicidad de las cuales los hombres habrían disfrutado, al parecer, en su estado de naturaleza. Entre estas instituciones figuran, por ejemplo, el número y la música.

Ahora bien, desde las coordenadas del materialismo filosófico, la idea de Cultura, como tal idea, no puede ser exaltada, en general, a la condición sublime de «expresión del Espíritu»: esta exaltación de la «Cultura» es el núcleo de lo que hemos llamado «el mito de la Cultura». Pero de aquí no se deduce una devaluación general de los contenidos englobados en tal idea; empezando por aquéllos que ni siquiera pueden ser considerados como instituciones culturales, como pueda serlo el número o las matemáticas en general (Zerzan, prisionero de la dicotomía Naturaleza/Cultura, se ve obligado a rechazar el número, puesto que no puede estar en la Naturaleza). Muchos contenidos del «Reino de la Cultura», por ejemplo, contenidos de la cultura extrasomática, como puedan serlo las grandes construcciones arquitectónicas, son tan admirables (ni más admirables, si se quiere, pero tampoco menos) como puedan serlo las construcciones extrasomáticas de los insectos, tales como los panales de las abejas o los laberintos de las hormigas, a quien nadie se atrevería a devaluar. Cuanto a la «música clásica», que Zerzan se ve también obligado a devaluar, en cuanto contenido indiscutible de la civilización, subrayando primero que la música, como todo arte, debe su existencia a la división del trabajo (el «mal radical») y, en segundo lugar, a las relaciones con ciertas estructuras de dominación que la Sociología de la música (desde Spengler hasta John Wolf) acostumbra a subrayar, tendríamos que decir que esa devaluación sólo tiene algún sentido cuando va dirigida contra aquellas concepciones místicas de la música según las cuales la música es una «revelación de lo alto» («creo en Dios, en Mozart y en Beethoven»). Pero la música sustantiva, aún reducida, frente a las pretensiones de un Ansermet («el quebrantamiento de la relación entre tónica y dominante equivale a la muerte de Dios»), a la condición de una obra de la cultura humana, no queda «devaluada» porque en ella estén actuando las estructuras de la dominación o de la jerarquía o, según Schenker (a quien Zerzan cita) cuando se constata «el tono dominante deseando imponerse sobre sus prójimos». ¿Acaso cabe devaluar por estos motivos a los panales de las abejas, cuya estructura implica la jerarquía y la dominación? Las estructuras de la dominación, o las estructuras jerárquicas en general, son tan reales en el ámbito de la «Cultura» como en el ámbito de la «Naturaleza», y lo que se dirime en ellas no es tanto la supresión de estas estructuras cuanto el enfrentamiento a otras estructuras de dominación o de jerarquía, pongamos por caso las estructuras de Schömberg contra las de Bach (que tenderán a ser consideradas como meros casos particulares de aquéllas).

Los movimientos contraculturales los entendemos, como hemos dicho, en una perspectiva diamérica —como enfrentamientos entre determinados contenidos o instituciones culturales—, no en perspectiva metamérica (metafísica). En realidad la perspectiva de una crítica global a toda cultura es un modo de evitar la verdadera crítica de la cultura, confundiendo todos sus contenidos, o por decirlo del modo más expresivo, metiéndolos todos en el mismo saco. Y aún manteniéndonos en perspectiva diamérica haríamos constar que es preciso distinguir cuidadosamente nuestra eventual aversión a determinadas esferas o instituciones culturales y nuestro reconocimiento de su capacidad para contribuir a la «biodiversidad», siempre que resulten integradas en algún proceso morfodinámico sostenible. Han pasado los tiempos, después de la Segunda Guerra Mundial, en los que los etnólogos y antropólogos de las culturas dominantes consideraban necesario conservar cualquier esfera o institución cultural por motivos científicos, es decir, para asegurar su trabajo: «Auspiciar la formación de las *reservas de indígenas* a fin de procurar en vista de su interés etnológico, la conservación de las razas autóctonas sudamericanas en sus lenguas y, en lo posible, con sus costumbres propias...», se concluía en el XXV Congreso Internacional de Americanistas (La Plata, 1932). Paradójicamente estas conclusiones prácticas han venido siendo asumidas y no ya por motivos etnológicos, sino invocando los derechos humanos, por los filósofos y teólogos de la liberación, después de haber leído los *Tristres trópicos* de Lévi-Strauss. ¿Pero quien se atrevería a defender hoy en nombre de la biodiversidad cultural, del respeto a las culturas o de los derechos humanos, la institución de la ablación del clítoris, la silla eléctrica (un refinado procedimiento de nuestra cultura en busca de la eutanasia), el vudú, el disco botocudo, los asesinatos rituales, la antropofagia y, por qué no decirlo también, la celtomanía que trata de presentar a la cultura celta como el «pilar de Europa»?

II. ¿Y cómo hablar, en los términos en los que lo hace Zerzan, del hombre en general, del género humano, de ese hombre desnudo y vegetariano [siendo así que el hombre realmente existente es el «mono vestido y carnívoro»] que habría existido antes de la domesticación y de la agricultura y que «se caracterizó principalmente por el ocio, la intimidad con la naturaleza, la sabiduría sensual, la igualdad sexual y la salud»? «Tal fue durante dos millones de años [Zerzan parece considerar como hombre hecho y derecho al pitecántropo] nuestra naturaleza humana, antes de que sacerdotes, reyes y jefes nos convirtieran en esclavos suyos».

¿Acaso ese *Genus homo* es algo más que una rúbrica taxonómica que engloba a las especies consabidas, incluyendo al *Homo antecessor* de Atapuerca que Zerzan en 1994 tenía que ignorar?. Pero también ignora las pruebas del canibalismo practicado en la época de la «coexistencia pacífica», como parece ignorar las relaciones de esa salud primigenia y la vida media en torno a los treinta años que se desprende del análisis de los esqueletos fósiles (sin considerar las artrosis y las caries dentarias). Zerzan llega a insinuar que el «mal radical» (la división del trabajo) habría comenzado con la caza no hace más de doscientos mil años, en los que se abandonó la vida de aquellos recolectores que «tenían más tiempo libre que un obrero industrial». La «nostalgia del hombre recolector», presentado como el hombre auténtico y no alienado, sitúa a Zerzan a dos pasos del Proyecto Gran Simio. Pues si lo humano del hombre no habría que buscarlo tanto en el hombre de hoy cuanto en aquéllos rasgos que el hombre tiene de común con los homínidos de hace dos millones de años, ¿no estará ese hombre mucho más próximo a los póngidos de lo que nosotros hoy (incluido Zerzan) lo estamos? Pero Zerzan no llega a dar estos dos pasos.

La perspectiva desde la que se exalta esa supuesta «vida feliz» del hombre prístino, ese «largo estado de gracia y coexistencia pacífica del hombre», no sometido a las normas opresoras del trabajo industrial, de la dominación o de la milicia, pero dotado en cambio de una «conciencia extrasensorial». Es evidente que en la época de los recolectores no había alienación, porque no había nada que alienar; tampoco había semáforos, ni policías, ni asaltos a bancos, ni envíos por correo de paquetes bomba, ni había dominación política. Tampoco los bueyes o las cebras o las marmotas están «alienados» ni en el sentido agustiniano, ni en el marxista, ni en el freudiano. Sencillamente: ese «hombre» de hace dos millones de años no era hombre, en el sentido en el que nosotros lo somos hoy. Que esos homínidos fueran felices o infelices es otra cuestión (como la de si los bueyes o las cebras en la llanura son felices o infelices, incluso cuando viene el leopardo). Además, y aunque fuesen felices aquellos ancestros nuestros, ¿quien le ha dicho a Zerzan y a sus colegas que el hombre viene al mundo para ser feliz? El hombre no vino al mundo ni con el destino de ser feliz ni con el destino de ser desgraciado: es esta una disyuntiva metafísica de estirpe teológica, a la que no podemos dar beligerancia.

III. ¿Y qué decir del «mito de la Naturaleza». Me limitaré a insistir en la distinción, que en otras ocasiones hemos propuesto, entre *Naturaleza* (con mayúscula y en singular) y *las naturalezas* (con minúscula y en plural), y en reiterar la fórmula que propusimos para definir «el mito de la Naturaleza»: consistiría este mito en suponer que la Naturaleza (la «Madre Naturaleza») no fuera otra cosa sino «la naturaleza de las naturalezas» *(complexio omnium sustantiarum)*, es decir, según algunos, un sistema cerrado sometido al segundo principio de la Termodinámica. Nuestro sistema económico globalizado (globalizado y por tanto «ecologista») sería sólo un subsistema abierto dentro del sistema cerrado de la Naturaleza, y, por tanto, en cuanto sistema abierto, sería reversible, dentro de una Naturaleza irreversible; un sistema reversible dentro de ciertos intervalos del tiempo, siempre que se observen los acuerdos de Kioto y la ecuación de Ehrlich, que iguala el impacto sobre la Tierra al producto del consumo, de la tecnología y de la población. Pero el «Reino de la Naturaleza» es en realidad una multitud de naturalezas enfrentadas entre sí, en la «lucha por la vida», del mismo modo a como el «Reino de la Cultura» se descompone en una multitud de esferas e instituciones culturales; por lo que tanto la salvación o la condenación de la «Naturaleza» como la salvación o la condenación de la «Cultura» no habría por qué entenderlas como salvación o condenación de «Reinos», sino a lo sumo, como salvación o condenación de determinadas *naturalezas*, o de determinadas *instituciones culturales* frente a otras, y sin que haya posibilidad siquiera de establecer una línea divisoria radical entre los valores (o contravalores) dados en la Naturaleza y los valores o contravalores dados en la Cultura, porque ambos tipos de valores o contravalores forman todos ellos parte de la Realidad material. ¿Y qué decir del último capítulo del libro de Zerzan, que pretende ofrecer una visión filosófica del tiempo, apoyada en abundantes «citas de calendario» de pensadores tales como J.J.C. Smart o Dummett, pero sin la menor referencia a Bergson o Heidegger?

13. Dos palabras finales sobre las relaciones entre la ideología que Zerzan representa y la ideología antiglobalización que se abre camino en nuestros días.

El siglo XXI ha comenzado con el enfrentamiento de dos grandes movimientos, de «dos fantasmas» que recorren no ya Europa sino el Mundo: el fantasma de la Globalización por antonomasia (representado en el G7+1) y el fantasma de la Antiglobalización (representado por las manifestaciones de Seattle, Gottemburgo o Génova). Pero la globalización y la antiglobalización son ideologías, y mejor aún, «familias de ideologías». Porque tanto la globalización como la antiglobalización comprenden ideologías muy distintas y sus respectivos representantes podrían decir lo que Maritain dijo en la fase final de la redacción de la Carta de los Derechos Humanos de la ONU: «estamos de acuerdo en lo tocante a estos derechos pero con la condición de que no se nos pregunte el por qué».

Las ideologías de la globalización, como las de la antiglobalización, tratan de lo mismo: *contraria sunt circa eadem.* ¿Qué es esto mismo? La «Humanidad», el «Género Humano». En realidad, basta que alguien tenga la insolencia o la ingenuidad de hablar en nombre del «Género Humano» o de la «Humanidad» para que pueda decirse que ya ha adoptado la perspectiva de la globalización, y aún alguna versión de tales ideologías. ¿Y por qué las consideramos ideologías, es decir, fantasmas? Porque representan intereses de unos grupos, estados o naciones frente a otros, al mismo tiempo que estos enfrentamientos se acompañan con la idea de la Humanidad, siendo así que hablar del *Género Humano* o del *Hombre,* como un todo, es una arrogancia inadmisible, por no decir ridícula, porque ese *Género Humano* o ese *Hombre* no ha existido nunca (salvo en las taxonomías linneanas).

Esa totalidad (el *Género Humano*) es una *totalización* que sólo puede ser llevada a efecto desde alguna *parte* suya. Así, ya en el Imperio romano, se representaba a la humanidad que vivía en torno al Mediterráneo como un conjunto de hombres a los que había que someter a una ley común *(Romane, memento...);* la segunda gran ideología globalizadora, heredera del Imperio romano, está representada por la Iglesia católica («id y enseñad a *todas* las gentes»). Al Imperio español, desarrollando el ideal católico en un plano real y positivo, corresponde la primera mundialización o globalización efectiva (el *Primum circumdedisti me* que Carlos V le dedicó a Juan Sebastián Elcano); el Imperio inglés «globalizó» a los hombres desde su perspectiva colonialista y depredadora; y el imperialismo soviético actuó también en nombre del *Género Humano,* a quien invocaba en el himno de la Internacional, desde una perspectiva no depredadora, sino generadora. Caído el muro de Berlín y el régimen comunista, el imperialismo universal actualmente existente está encarnado en el capitalismo del G7+1, organizado en torno a los Estados Unidos y a las Potencias atlánticas, las que se amparan en la ideología del libre mercado, o simplemente en la economía de mercado, y al que no estorban los propios movimientos antiglobalización. Globalización imperialista dirigida por las grandes Potencias estatales atlánticas, que rodea a la Tierra y asume la responsabilidad, a través de un mercado mundial (cosmopolita, gracias a la posibilidad de un mercado continuo de valores cotizados en bolsa, a través de radio, televisión e internet), de la tutela o de la curatela de las otras partes de la Tierra, a fin de elevarlas a la condición del «estado del bienestar» propio de una sociedad libre y democrática, pero contrapuesta al «estado del bienestar» que había sido concebido por el imperialismo soviético.

La «Globalización» por antonomasia no es sólo un estadio de la economía política capitalista: es también una ideología anticomunista, es la ideología del liberalismo, la defensa de la libertad individual y de la felicidad, pero entendida no ya de un modo egoísta o etnocéntrico, ni tampoco colectivista, sino «humanista». En las palabras con las que el *Informe Lugano* (escrito por Susan George, a modo de unos nuevos *Protocolos de los Sabios Ancianos de Sión*) describe la ideología de la globalización por antonomasia: «Millones de personas creen fervientemente que ellas también pueden mejorar su suerte; pues el capitalismo no es una mera doctrina económica y un logro intelectual, sino también una fuerza revolucionaria y milenarista, y una fuente de esperanza, del mismo modo que lo fue en un tiempo el comunismo. Por esta razón fueron enemigos mortales en lo más hondo». La ideología de la globalización por antonomasia envuelve a una economía política de escala creciente, que rodea la Tierra, y que la obliga a asumir los principios generales del ecologismo, principios que todavía eran metafísicos para las economías menos desarrolladas, cuyo impacto ecológico podría considerarse como una cantidad despreciable.

Ahora bien: los verdaderos antagonistas de la globalización por antonomasia (que implica una globalización política) son, a nuestro juicio, aquellas potencias no nombradas contra los cuales se preparan los «escudos antimisiles», a saber, la China y la India, por no decir el Islam. Pero los movimientos antiglobalización, surgidos en el seno mismo del primer mundo, no tienen una intención menos globalizadora: son también movimientos globalizadores (algunos, incluso se autodenominan «movimientos de globalización alternativa»), pero de signos opuestos, que pretenden también representar al Género Humano. El formato negativo del concepto («anti-globalización») explica que la unidad de estos movimientos antiglobalización sea mucho más débil que la unidad de la globalización por antonomasia, la del G7+1, que mantiene al menos las perspectivas del Estado como órgano de control, y aún de cooperación entre Estados y Multinacionales que actúan a su través. La unidad de los movimientos antiglobalización no puede menos de ser superficial, y su solidaridad es la solidaridad en su sentido más estricto, a saber, la unidad contra terceros. En los movimientos antiglobalización habrán de figurar, por tanto, ante todo, las globalizaciones humanísticas, algunas de las cuales se orientan simplemente a apuntalar la economía de mercado, o a darla por supuesta, como es el caso de la ONG *Attac* —Acción para una Tasa Tobin de Ayuda al Ciudadano—, utilizando mecanismos propios del capitalismo como pueda serlo la tasa Tobin (según Ramonet, un gravamen de sólo el 0'1 por ciento sobre las transacciones mercantiles supondría 166 mil millones de dólares al año, dos veces la suma necesaria para erradicar la pobreza extrema durante dos años). La inspiración inequívocamente globalizadora de *Attac* (que se considera a sí mismo como una globalización alternativa) tiene como objetivo «reapropiarse, *todos unidos*, del porvenir de *nuestro Mundo*».

Entre los movimientos antiglobalización capitalista figuran las globalizaciones humanísticas representadas por las ONG «cosmopolitas» (incluyendo como primera ONG e impulsora de ONGs a la Iglesia Católica, las ONG del 0'7 ó del 0'1 por ciento de Tobin), las organizaciones que se acogen a los Derechos

Humanos de la ONU (la primera ideología globalizadora de signo anticomunista, formulada al poco de terminar la Segunda Guerra Mundial). Pero también los movimientos de globalización anarquistas, que comienzan a reeditar las ideologías de la vuelta a una sociedad sin estado, llamada a veces, por los más conservadores, «sociedad civil», como el verdadero terreno en el que puede tener lugar la unidad entre los hombres. Pero la idea de una globalización anarquista sigue siendo muy indeterminada y negativa: negar el Estado, en nombre del Género Humano, no es decir nada positivo; entre otras cosas porque existen muchos tipos de Estado y porque hay muchas formas de entender al Género Humano. Por eso, entre los movimientos anarquistas encontramos tanto a las corrientes del anarquismo pacifista de la desobediencia civil (los *Monos Blancos*), como al anarquismo de la acción violenta (el *Frente Negro*).

Desde siempre, la tradición anarquista ha buscado negar el Estado en nombre del Género Humano. Pero unas veces se ha entendido el género humano como el «Hombre Nuevo», biológicamente sano, optimista, racional, sin prejuicios; y entonces el anarquismo podría predicar la antiglobalización capitalista recurriendo a procedimientos similares a los que el *Informe Lugano* atribuye al G7+1, es decir, a los procedimientos de la eugenesia, al control de la natalidad y sobre todo al genocidio encubierto, mediante la propagación del SIDA o de la tuberculosis, bajo la rúbrica E.R.P. (Estrategia de Reducción de la Población). Según el *Informe Lugano*, la E.R.P. de la globalización por antonomasia se propondría reducir en dos mil veinte millones los seis mil millones de hombres actuales para conseguir, dentro de veinte años, una población mundial de cuatro mil millones, es decir (como primer paso) para conseguir una *cantidad humana* correspondiente a la del año 1975. Pero estos supuestos planes de los globalizadores por antonomasia no están muy lejos del humanitarismo eugenista, antisocialista (no estrictamente racista), del anarquismo que no hace demasiados años patrocinaban los libertarios Manuel Devaldés y Eugenio Relgis. El objetivo de la eugenesia —que predicaban estos ideólogos del anticomunismo— no era ir contra los judíos o contra los gitanos, porque lo que proponían era la promoción de la familia de los hombres que proponían era la promoción de la familia de los hombres sanos, inteligentes y libres: «¡Sobre todo libres! Pues la *raza de los pobres* es la raza de los esclavos, bajo otras denominaciones. Aplicar la ciencia eugénica, es combatir la ignorancia y la esclavitud político-económica, es afrontar el gran peligro de la proletarización creciente de la sociedad. Esta proletarización no es solamente la obra del capitalismo, de la plutocracia aliada a la teocracia y a otras fuerzas de la reacción internacional. Ella es también la obra de los *proletarios mismos,* de esos *partidos únicos,* totalitarios a pesar de sus colores nacionales o internacionales, y cuyos jefes y la minoría dirigente, burocrática y policiaca tienen la tendencia (harto evidente antes y después de la segunda guerra mundial) de *nivelar* a los hombres —todos los pueblos, todas las categorías sociales, las masas de innumerables individuos numerados y uniformados— bajo el rodillo compresor de la miseria y del terror, del trabajo forzado, mecánico y extenuante...» (Eugen Relgis, *Humanitarismo y Eugenismo,* Ediciones Universo, Colección El Mundo al Día, Toulouse 1950, págs. 35-36).

Y otras veces la antiglobalización se guiará por ideales, en principio apolíticos, que creen necesario ir más allá o más atrás no sólo del Estado, sino de toda forma de civilización que hasta ahora ha sido considerada como la expresión suprema del Género Humano. Y aquí habría que distinguir las dos direcciones más significativas de esta alternativa «globalización apolítica»: la dirección de la *superglobalización,* podríamos llamarla, con signo eminentemente etológico (una globalización ampliativa), y la *globalización restrictiva,* de signo más bien etnológico (o pre-etnológico), que sería la representada por Zerzan. La superglobalización etológica busca *englobar* al género humano en una más amplia totalidad envolvente, constituida de momento por los póngidos (Proyecto Gran Simio), preconizando la extensión a chimpancés, gorilas y orangutanes de los Derechos Humanos (y sin que los ilustres firmantes de este proyecto hayan tenido en cuenta las consecuencias laborales —¿han advertido lo que representaría para las grandes centrales sindicales tener que afiliar a grandes masas de chimpancés, gorilas y orangutanes, a quienes se les ha reconocido su condición humana de trabajadores?— que la entrada en el mercado de trabajo de los póngidos tendría que comportar). La globalización restrictiva, que coincide de hecho con la política E.R.P. (y que, en contra de lo que sugiere Susan George, iría aplicada, nos parece, por la globalización capitalista, antes al control de la natalidad que a favorecer la mortalidad), buscará reducir, al menos si es consecuente con sus principios, el tamaño del género humano no ya meramente a los dos tercios de su población actual sino al tamaño propio del conjunto de aquellas pequeñas comunidades compatibles con la vida recolectora que caracterizó, «durante dos millones de años, nuestra naturaleza humana, antes de que sacerdotes, reyes y jefes nos convirtieran en esclavos suyos» ◆

Niembro, 8 de agosto de 2001

Futuro de primitivo

La división del trabajo, tan en la raíz de la crisis mundial que padecemos, demuestra a diario su eficacia para impedirnos dilucidar los orígenes del nefasto presente. Sin duda Mary Lecron Foster (1990) yerra por defecto al conceder que la antropología de nuestro tiempo se encuentra «en peligro de grave y dañina fragmentación». Shanks y Tilley (1987b), por su parte, enuncian un reto infrecuente pero relacionado con lo anterior: «La misión de la arqueología, lejos de limitarse a interpretar el pasado, consiste en modificar esta interpretación del pasado con vistas a la reconstrucción social en el presente». Ni que decir tiene que las propias ciencias sociales se ocupan de minar la anchura y profundidad de miras necesaria para tal reconstrucción. Desde el punto de vista de los orígenes y el desarrollo de nuestra especie, ese haz de disciplinas y subdisciplinas astilladas —antropología, arqueología, paleontología, etnología, paleobotánica, etnoantropología, etc., etc.— es un fiel reflejo del efecto limitador, mutilador, de la civilización desde sus mismos inicios.

No obstante, la bibliografía al uso puede sernos de gran ayuda, siempre que nos aproximemos a ella provistos de un método adecuado, con la conciencia de sus limitaciones y el deseo de superarlas. Es un hecho que los endebles sistemas ideológicos más o menos ortodoxos pueden y suelen ceder bajo el peso de una sociedad cada vez más insatisfecha; insatisfacción con la vida moderna que se traduce en recelo hacia las mentiras oficiales proferidas para legitimarla, y también en una pintura más sincera de la evolución de nuestra especie. Tradicionalmente, la renunciación y la subyugación propias de la vida moderna se han venido justificando como necesarias concomitancias con nuestra «naturaleza humana». No en vano nuestra existencia precivilizada estuvo marcada por las privaciones, la brutalidad y la ignorancia, lo que convierte a la autoridad en el don mirífico que nos rescató del salvajismo. Las invocaciones a cavernícolas y neandertales mantienen aún su vigencia para recordarnos dónde estaríamos sin religión, gobierno ni esfuerzo.

Pero en los últimos decenios hemos asistido a una refutación en toda regla de esta visión tan subjetiva de nuestro pasado. El trabajo de eruditos como Richard Lee y Marshall Sahlins ha obrado una inversión casi completa de la ortodoxia antropológica, con consecuencias importantes: vemos ahora cómo nuestra existencia anterior a la domesticación y la agricultura en realidad se caracterizó principalmente por el ocio, la intimidad con la naturaleza, la sabiduría sensual, la igualdad sexual y la salud. Tal fue, durante dos millones de años, nuestra naturaleza humana, antes de que sacerdotes, reyes y jefes nos convirtieran en esclavos suyos.

Es más: recientemente se ha abierto paso otra pasmosa revelación, que está relacionada con la anterior y de hecho profundiza en ella; incluso puede que nos cuente algo igual de importante sobre quiénes fuimos y sobre qué podríamos volver a ser. La más socorrida línea de ataque contra las nuevas descripciones del modo de vida cazador-recolector ha solido consistir (a menudo de manera indirecta o implícita) en caracterizar, no sin condescendencia, esta vida como el punto más alto que nuestra especie era capaz de alcanzar en una fase evolutiva temprana. Se reconoce así la evidencia de un largo estado de gracia y coexistencia pacífica, pero se explica arguyendo que los seres humanos simplemente carecían de la capacidad mental necesaria para abandonar su vida sencilla en favor de complejos logros en lo social y en lo técnico. Pues bien: asestando otro golpe fundamental a la civilización, las investigaciones llevadas a cabo desde los años ochenta por arqueólogos como John Fowlett o Thomas Wynn, entre otros, nos desvelan que, además de haber vivido tantísimo tiempo en un estado de cosas que no conocía la alienación ni la dominación, aquellos seres humanos de antaño poseyeron una inteligencia como mínimo equiparable a la nuestra de hogaño. De un plumazo, por así decirlo, la teoría de la supuesta ignorancia de nuestros ancestros queda desechada, a la vez que se arroja nueva luz a la pregunta ¿de dónde venimos?

Para situar la cuestión de la capacidad mental dentro de su contexto, conviene releer las diversas (y una vez más, impregnadas de ideología) interpretaciones sobre los orígenes y el desarrollo humanos. Robert Ardrey (1961, 1976) nos ofrece una versión sanguinaria y machista de la prehistoria, al igual que hacen, cierto es que en grado algo menor, Desmond Morris y Lionel Tiger. De modo análogo, Freud y Konrad Lorenz escribieron sobre la depravación innata a la especie, aportando así su contribución a la jerarquía y el poder actuales.

Afortunadamente, ha surgido una perspectiva mucho más plausible, que se compadece mejor con la versión comúnmente aceptada de la vida en el paleolítico. La costumbre de compartir los alimentos se ha venido considerando, de un tiempo a esta parte, característica integral de las primeras sociedades humanas (véase por ejemplo Washburn y DeVore, 1961). Jane Goodall (1971) y Richard Leakey (1978), entre otros, concluyen que es el factor clave para demarcar el comienzo de una evolución exclusiva del *homo*, hace no menos de dos millones de años, puede que incluso antes. El énfasis en este punto, esbozado desde los primeros 70 por Linton, Zihlman, Tanner e Isaac, no ha dejado de acentuarse. Un argumento revelador a favor de la tesis cooperativa, en contraposición a la de la violencia generalizada y la prevalencia del macho, se refiere a la disminución de las diferencias de tamaño y fuerza entre machos y hembras. El dimorfismo sexual, como se ha dado en llamarlas, fue en un principio muy pronunciado, incluidas características como caninos prominentes o «dientes de defensa» mucho mayores en el macho que en la hembra. La desaparición de los caninos de gran tamaño en el macho sugiere poderosamente que la hembra de nuestra especie ejerció una selección en favor de los machos sociables e inclinados a compartir. Significativamente, casi todos los simios actuales presentan caninos de mayor tamaño y longitud en los machos que en las hembras, coincidiendo con la ausencia de esta capacidad de elección femenina (Zihlman 1981, Tanner 1981).

La división del trabajo según el sexo se revela como otro aspecto fundamental de los albores de la humanidad que solía darse por sentado con el término cazador-recolector. Hoy predomina la creencia de que la recolección de plantas comestibles, labor que se suponía exclusiva de las mujeres y secundaria con respecto a la actividad cinegética que desempeñaban los varones, constituía por el contrario la principal fuente de alimento (Johansen y Shreeve 1989). Y puesto que las hembras no dependían significativamente de los machos para procurarse alimentos (Hamilton 1984), parece probable que la clave no esté en la división del trabajo, sino en la flexibilidad y la cooperación (Bender 1989). Como apunta Zihlman (1981), la flexibilidad en las pautas de comportamiento bien pudo ser el ingrediente primordial de nuestra existencia primera. Joan Gero (1991) ha demostrado que el utillaje de piedra puede ser obra tanto de mujeres como de hombres; y en efecto, Poirier (1987) nos recuerda que «no existe prueba arqueológica alguna que corrobore la pretensión de que los primeros humanos mostraban una división del trabajo por sexos». Es improbable que la recolección de alimentos implicara alguna forma de división del trabajo (Slocum 1975); y probable en cambio que la especialización sexual ocurriera en una fase tardía de la evolución humana (Zihlman 1981, Crader e Isaac 1981).

Ahora bien, si el proceso de adaptación que nos inició como especie se centró en la recolección, ¿cuándo aparece la caza? Binford (1984) arguye que no existen indicios de consumo de productos de origen animal (por ejemplo, evidencia de prácticas de carnicería) hasta la aparición, muy reciente en términos relativos, de los humanos anatómicamente modernos. Los exámenes mediante microscopio electrónico de dientes fósiles descubiertos en el África oriental (Walker 1984) sugieren una dieta a base de frutas; y otros exámenes similares de los útiles de piedra hallados en el yacimiento keniano de Kubi Fora (Keeley y Toth 1981), que data de hace 1,5 millones de años, muestran que se utilizaban para las plantas. Las pequeñas cantidades de carne que formaban parte de nuestra dieta en el paleolítico inferior probablemente se obtenían de la carroña y no de la caza (Ehrenberg 1989b).

La dieta «natural» de nuestra especie se basaba obviamente en verduras y otros alimentos de origen vegetal ricos en fibra, al contrario que la dieta moderna, con su alto contenido de grasas y proteínas animales, y con los desórdenes crónicos que acarrea (Mendeloff 1977). Nuestros antepasados más remotos empleaban su «profundo conocimiento del entorno, su cartografía cognitiva» (Zihlman 1981) al servicio de una recolección de subsistencia, lo que no impide que aparezcan paulatinamente más pruebas de actividad cinegética a medida que nos acercamos al tiempo actual (Hodder 1991).

Muchas pruebas, con todo, han dado la vuelta a las presunciones de caza generalizada durante la prehistoria. Así, por ejemplo, ciertos conjuntos de huesos que se nos habían presentado como evidencias de grandes matanzas de mamíferos, han resultado obedecer, tras un examen más detallado, a desplazamientos por corrientes de agua o a escondrijos de los propios animales. La obra de Lewis Binford *Were There Elephant Hunters at Tooralba?* (1989) aporta un buen ejemplo de lo que llamo un examen más detallado, del cual se desprenden serias dudas de que haya existido una actividad cazadora significativa con anterioridad a los últimos 200.000 años como máximo. Adrienne Zihlman (1981) ha llegado a la conclusión de que «la caza surgió en una fase relativamente tardía de la evolución (...) que bien pudiera no haberse extendido más allá de los últimos 100.000 años». Y no faltan quienes, como Straus (1986) o Trinkhaus (1986), descreen de cualesquiera pruebas de caza mayor propiamente dicha hasta finales del paleolítico superior, justo antes del nacimiento de la agricultura.

Los artefactos (conocidos) más antiguos que se conservan son ciertos útiles de piedra hallados en Hadar (África oriental). Es muy posible que, con ayuda de métodos de datación más afinados, se demuestre que tienen 3,1 millones de años (Klein 1989). Y acaso la principal razón de que los clasifiquemos como testimonios del genio humano estribe en que ejemplifican la fabricación de un utensilio por medio de otro, atributo, hasta donde sabemos, exclusivo de la raza humana. No es casual que el término *homo habilis*, u «hombre mañoso», designe la que se considera primera especie humana conocida asociándola con la primera tecnología lítica (Coppens 1989). El *homo habilis* usaba también otros aperos rudimentarios de madera y hueso —que, por su origen orgánico y consiguientemente perecedero, escasean en los registros arqueológicos— en su adaptación «notablemente simple y eficaz» a la vida en África y Asia (Fagan 1990). Los cerebros y los cuerpos de estos antepasados eran más pequeños que los nuestros, pero, observa Poirier (1987), «la región occipital de sus cráneos se asemeja bastante a la del *homo sapiens* actual»; y Holloway (1972, 1974) asegura que sus estudios de cavidades craneales correspondientes a este período indican una disposición cerebral que es básicamente moderna. Del mismo modo, los utensilios tallados hace más de dos millones de años revelan invariablemente un uso de la mano diestra al percutir los cantos, destreza que en el hombre moderno encuentra su correlato en características tan distintivas como la división del cerebro en dos lóbulos o hemisferios con funciones asimismo separadas (Holloway 1981a). Klein (1989) concluye que estas anatomías «implican con casi total seguridad capacidades cognitivas y comunicativas».

El *homo erectus*, que, según uso largamente establecido, es el otro predecesor principal del *homo sapiens*, aparece hace unos 1,75 millones de años, cuando los primeros humanos abandonan los bosques para desplazarse por las sabanas de África. Aun cuando la capacidad craneal no se correlacione necesariamente con la mental, la del *homo erectus* se asemeja de tal modo a la nuestra que cabe deducir que «debieron de ser capaces de desarrollar idénticos comportamientos en muchos casos» (Ciochon, Olsen y Tames 1990). En palabras de Johanson y Edey (1981), «si comparáramos el *erectus* de cerebro más grande con el *sapiens* de cerebro más pequeño —omitiendo todas las demás diferencias— habría que intercambiar los nombres de las dos especies». En cuanto al *homo neanderthalis*, nuestro inmediato predecesor, poseyó un cerebro ligeramente más grande que el nuestro (Delson 1985, Holloway 1985, Donald 1991). Por supuesto, ello no impide que el malignizado neandertal se nos siga presentando como una criatura tosca y brutal —en consonancia con la ideología hobbesiana dominante—, pese a la manifiesta inteligencia que complementaba su impresionante fuerza física (Shreeve 1991).

Sin embargo, toda esta maraña de especies humanas se ha puesto recientemente en tela de juicio (Day 1987, Rightmire 1990). Así, se llama la atención sobre el hecho de que todos los especímenes fósiles de varias especies *homo* «presenten rasgos morfológicos intermedios», lo que suscita la sospecha de que clasificar la humanidad en taxones separados tenga mucho de arbitrario (Gingerich 1979, Tobias 1982). Fagan (1989), por ejemplo, nos dice que «resulta extremadamente arduo trazar una frontera taxonómica clara entre el *homo erectus* y el *homo sapiens* arcaico por un lado; y entre los *homines sapientes* arcaico y moderno por el otro». Foley (1989) afirma que «las diferencias anatómicas entre el *homo erectus* y el *homo sapiens* no son enormes»; y Jelinek (1978) es tajante al asegurar que «no existen razones anatómicas ni culturales válidas» que justifiquen la separación de *erectus* y *sapiens* en dos especies, para concluir (1980a) que desde el paleolítico medio, si no antes, la humanidad «puede considerarse *homo sapiens*» (en lo que por cierto coincide con Hublin 1986). Esta corrección al alza de la inteligencia temprana, sobre la cual volveremos más adelante, debe contemplarse en relación con la presente confusión acerca de las especies, a medida que va cediendo el esquema evolutivo general que solía aceptarse de manera casi unánime.

Pero la controversia sobre la clasificación en especies sólo debe interesarnos en la medida en que nos ayude a averiguar cómo vivían nuestros antepasados más remotos. La parquedad esperable de los restos que se conservan después de tantísimos milenios permite no obstante vislumbrar la textura de aquel modo de vida, la frecuente elegancia de un planteamiento anterior a la división del trabajo. El hallazgo por los Leakey de la «caja de herramientas» en la célebre garganta del Olduvai comprende «al menos seis tipos de utensilios claramente reconocibles» que datan de hace 1,7 millones de años aproximadamente

(M. Leakey, 1978). Pronto aparecerían las tallas bifaces del Achelense, que se caracterizan por una simétrica belleza. La persistencia de su uso durante un millón de años avala el éxito de estas hachas piriformes, poseedoras de un equilibrio que rezuma gracia y utilidad desde una era muy anterior a la simbolización. Isaac (1986) observa que «los métodos de talla olduvainenses cubren la gama completa de formas necesarias para atender la necesidad humana de disponer de filos cortantes para los más diversos propósitos», lo que le hace preguntarse por el origen de la creencia de que «una mayor complejidad equivale a una mejor adaptación». Ya en tiempos tan remotos, como muestran los cortes detectados en los huesos que se conservan, los seres humanos usaban tendones y pieles procedentes de carroña para trenzar cuerdas y tejer bolsos y alfombras (Gowlett 1984). Al parecer, también se servían de pieles para cubrir las paredes de sus viviendas; y de algas para mullir las camas en que dormían (Butzer 1970).

El uso del fuego se remonta hasta hace casi dos millones de años (Kempe 1988) y pudiera haber aparecido incluso antes, según da a entender Poirier (1987), a no ser por el clima tropical que imperaba en África, la cuna de la humanidad. Desde muy tempranamente en el paleolítico superior, se encendieron hogueras en las cuevas para repeler a los insectos; y se pavimentaron los suelos con guijarros que retienen el calor (Perles 1975, Lumley 1976).

Como anota John Gowlett (1986), aún quedan arqueólogos que consideran cualquier taxón anterior al *homo sapiens* —que sólo tiene 30.000 años— infinitamente más primitivo que nosotros, los humanos «del todo». Pero, aparte de las antedichas informaciones de una anatomía cerebral que, aun en los primeros humanos, es fundamentalmente «moderna», esta minoría debe enfrentarse a trabajos recientes que describen la presencia de una inteligencia humana completa coincidiendo prácticamente con el nacimiento de la especie *homo*. A juicio de Thomas Wynn (1985), la talla del hacha bifaz debió de requerir «una inteligencia similar a la del adulto medio en la sociedad moderna». Como Wynn, Gowlett también examina el «pensamiento operativo» que se necesita para elegir el percutor correcto, la potencia de los golpes y el ángulo de talla adecuado, en una secuencia ordenada y con la flexibilidad exigida por un procedimiento que ha de modificarse a medida que avanza el trabajo. Gowlett argumenta que esta labor requería manipulación, concentración, proyección tridimensional y planificación, requisitos que «formaban parte del bagaje del ser humano hace dos millones de años, lo cual», añade, «se sabe de cierto y no es conjetura».

Llama la atención que durante el vasto período conocido como paleolítico se hayan producido tan escasos cambios tecnológicos (Rolland 1990). «A juzgar por el desarrollo del utillaje lítico, [la innovación] fue prácticamente nula por espacio de 2,5 millones de años», según Gerhard Kraus (1990). Tamaño «estancamiento» resulta, a la luz de lo que hoy sabemos sobre inteligencia prehistórica, particularmente ultrajante para no pocos sociocientíficos. «El desarrollo es tan lento que desafía nuestra comprensión», a juicio de Wymer (1989). A mí, por el contrario, me parece más que plausible que esta notoria ausencia de «progreso» se deba precisamente a la inteligencia humana, informada por el éxito satisfactorio de una existencia como cazadores-recolectores. Es evidente que hasta hace muy poco la humanidad rechazó la división del trabajo, la domesticación o la cultura basada en símbolos.

Al pensamiento contemporáneo, en su encarnación posmoderna, le gustaría descartar la realidad de una divisoria entre lo natural y lo cultural; y sin embargo, dadas las capacidades presentes en el género humano antes de la civilización, sería más exacto decir sin ambages que durante largo tiempo preferimos la naturaleza a la cultura. Otra postura muy común consiste en buscarle un carácter simbólico a casi todo acto u objeto humano (véase por ejemplo, Botscharow 1989). En general, este enfoque forma parte de la negación de la dicotomía natura/cultura, pero implica cultura entendida como manipulación de formas básicas de simbolismo. También parece clara la ausencia de atributos como la materialización del tiempo, la lengua (ni escrita, sin duda, ni probablemente tampoco oral durante todo o casi todo este período), los números y el arte, pese a existir una inteligencia perfectamente capaz de desarrollarlos.

Dicho sea a modo de inciso, coincido con Goldschmidt (1990)

cuando afirma que «la dimensión oculta en la construcción del mundo simbólico es el tiempo». Y como ha escrito Norman O. Brown, «la vida no reprimida no cuenta para el tiempo histórico», lo que interpreto como un recordatorio de que el tiempo como materialidad, lejos de ser inherente a la realidad, es una imposición cultural, tal vez la primera de todas, sobre ella. A medida que progresa esta dimensión elemental de la cultura simbólica, avanza también, a igual paso, la alienación respecto de lo natural.

Cohen (1974) ha definido los símbolos como «esenciales para el desarrollo y el mantenimiento de un orden social», lo cual implica —igual que lo demuestran, con mayor contundencia, numerosas pruebas irrefutables— que, antes de que surgieran los símbolos, no existían unas condiciones de desorden que los hicieran necesarios. En la misma línea, Lévi-Strauss (1953) señala que «el pensamiento mítico siempre parte de la conciencia de las oposiciones para progresar hacia su resolución». ¿De dónde procede, pues, esa ausencia de orden y dónde están los conflictos u «oposiciones»? Se echa en falta, entre miles de monografías específicas, bibliografía sobre el paleolítico que se ocupe de esta cuestión esencial. Una hipótesis razonable, en mi opinión, es que la división del trabajo, desapercibida a causa de su glacial lentitud e insuficientemente asimilada debido a su novedad, comenzó a provocar fisuras en la comunidad humana; y prácticas insanas frente a la naturaleza. A finales del paleolítico superior, «hace 15.000 años, en Oriente Medio, tanto la recolección de plantas como la caza empiezan a especializarse» observa Gowlett (1984). La irrupción del simbolismo (en los ritos y el arte, por ejemplo) hacia el mismo período es sin lugar a dudas una de las «mayores sorpresas» (Binford 1972b) que la prehistoria ha deparado a los arqueólogos, habida cuenta de la ausencia de este tipo de actividades durante el paleolítico medio (Foster 1990, Kozlowski 1990). Comenzaban a hacerse notar los efectos de la división del trabajo y la especialización, a saber: la pérdida de la inseparabilidad con la naturaleza y la quiebra del orden natural, carencias que exigían ser aliviadas. Lo sorprendente es que este tránsito a la civilización pueda aún considerarse benigno. Foster (1990) parece celebrarlo al preguntarse: «¿Cómo, si no mediante el simbolismo, pudo el *homo sapiens* desarrollar esa adaptabilidad tan extraordinaria que lo ha convertido en el amo material del mundo?» Desde luego que acierta, como cuando reconoce que «la manipulación de los símbolos [es] la esencia misma de la cultura», pero pasa por alto la alienación y la destrucción de la naturaleza que tan exitosa adaptación nos ha traído con su aterradora preeminencia en el presente.

Tampoco es nada descabellado suponer que el mundo simbólico hunde sus raíces en la formulación del lenguaje, el cual surgió de algún modo a partir de «una matriz de comunicación no verbal exhaustiva» (Tanner y Zihlman 1976) y del contacto cara a cara. No existe acuerdo sobre cuándo empezamos a hablar, pero tampoco evidencia de discurso anterior a la «explosión» cultural del paleolítico superior tardío (Dibble 1984, 1989). El lenguaje parece haber actuado como «agente inhibidor», como un medio para «aumentar el control» sobre la vida (Mumford 1972), un muro de contención de esa riada de imágenes y sensaciones a que se abría el individuo premoderno. En este sentido, marcaría el momento en que volvimos la espalda a una vida de apertura y comunión con la naturaleza para tender al avasallamiento y la domesticación siguientes a la inauguración de la cultura simbólica. A propósito, probablemente es erróneo presumir que el avance del pensamiento (si existiese algo que pudiéramos llamar pensamiento «neutro» y cuyo avance pudiera verificarse universalmente) se deba a que pensamos lenguaje, pues no existe prueba concluyente alguna de que nuestros pensamientos hayan de ser forzosamente verbales (Allport 1983). Abundan los casos (Lecours y Joanette 1980, Levine *et al.* 1982) de apoplejía y taras similares cuyas víctimas habían perdido el habla, incluida la capacidad de hablarse mentalmente a sí mismas, sin ver por ello menoscabadas sus dotes para el pensamiento coherente de todo tipo[1]. He aquí un indicio elocuente del «vigor incomparable del intelecto humano,

[1] Zerzan se refiere a un trastorno sensorial conocido como «afasia de Wernicke» y provocado por una lesión temporal en el hemisferio dominante del cerebro. Efectivamente, las personas afectadas por este mal no han perdido su capacidad de pensar, pero tienen deteriorada la de comprender y utilizar los símbolos, entre ellos las palabras, y no son capaces de expresar su pensamiento a través del lenguaje. (Nota del t)

aun en ausencia de lenguaje» (Donald 1991).

Al describir los mecanismos de la simbolización, no parece desencaminada la opinión de Goldschmidt (1990): «La invención del ritual durante el paleolítico superior bien pudo constituirse en piedra angular de las primeras estructuras culturales; y el punto de apoyo para su expansión». Las ceremonias han desempeñado una función pivotante en lo que Hodder (1990) define como «implacable despliegue de estructuras simbólicas y sociales» que acompaña la llegada de la mediación cultural. Un ritual se justifica sobre todo como medio de lograr y consolidar la cohesión social (Johnson 1982, Conkey 1985); así por ejemplo, los rituales totémicos refuerzan la unidad del clan.

A través del ritual, la domesticación (es decir, la dominación de la naturaleza) empieza a gozar de aprecio en cuanto que ordenamiento cultural de lo salvaje; y es evidente que la femineidad como categoría cultural, esto es, asociada a lo salvaje o peligroso, también data de esta época. Las venus rituales, que comienzan a esculpirse hace unos 25.000 años, deben de ser los primeros ejemplos de simbolización de atributos femeninos a efectos de representación y control (Hodder 1990). Más específicamente, la subyugación de lo salvaje se produce durante este mismo período, coincidiendo con las primeras cazas sistemáticas de fauna mayor, actividad de la que los ritos formaban parte integral (Hammond 1974, Frison 1986).

El ritual, en lo que tiene de práctica chamanística, también puede considerarse como una regresión a partir del estado en el que todos los seres humanos compartían una conciencia que hoy calificaríamos de extrasensorial (Leonard 1972). En efecto, cuando unos pocos especialistas se arrogan en exclusiva el acceso a facultades perceptivas que bien pudieron una vez pertenecer a toda la comunidad, se propician o acentúan ulteriores involuciones dentro de la división del trabajo. El retorno a la dicha a través del ritual es un tema mítico prácticamente universal que, entre otros gozos, promete la disolución del tiempo mesurable. Estas ceremonias apuntan a una ausencia que fingen compensar, como por otra parte hace la cultura simbólica en general.

El ritual como medio de organizar las emociones, como método de dirección y represión culturales, introduce el arte, una faceta de la expresividad (Bender 1989). «Pocas dudas pueden caber», según Gans (1985), «de que las varias formas de arte mundano derivan originariamente de los ritos». Detectamos el principio de un malestar, la conciencia del alejamiento de nuestra autencidad primera y directa. Pienso que La Barre (1972) no se equivoca al juzgar que «tanto el arte como la religión surgen de un deseo insatisfecho». Primero bajo la forma, más abstracta, del lenguaje y más al propósito después, en forma de ritual y arte, la cultura irrumpe para contender artificialmente con una angustia espiritual y social.

El ritual y la magia debieron de dominar el temprano arte del paleolítico superior; y seguramente cumplieron una función esencial, junto a la creciente división del trabajo, en la coordinación y dirección de la comunidad (Wymer 1981). Pfeiffer (1982) ha descrito las famosas pinturas rupestres de este período en Europa como la manera original de iniciar a los más jóvenes en sistemas sociales cada vez más complejos, iniciación que se justificaría en el orden y la disciplina (véanse también Gamble 1982, Jochim 1983). El arte también pudo contribuir al control de la naturaleza; por ejemplo, desarrollando los inicios del territorialismo (Straus 1990).

La emersión de la cultura simbólica, con la voluntad de manipulación y control que le es inherente, enseguida abrió la puerta a la domesticación de lo natural. Después de dos millones de años de vida humana dentro de los términos de la naturaleza, en equilibrio con las demás especies salvajes, la agricultura provocó alteraciones sin precedentes en nuestro modo de vida, en nuestra adaptación al medio. Jamás se había producido un cambio tan rápido y completo en ninguna especie (Pfeiffer 1977). La autodomesticación mediante el lenguaje, el ritual y el arte inspiró la doma de plantas y animales que le seguiría. Los primeros cultivos, hace sólo 10.000 años, triunfan rápidamente, pues, por su propia naturaleza, el control invita a la intensificación. Una vez se abra paso el deseo de producir, se volverá él mismo más productivo cuanto más eficazmente se lleve a la práctica; y también, por ende, más adaptable y preponderante.

La agricultura favorece una división del trabajo aún más pronunciada, cimenta sobre una base material la jerarquización de la sociedad e inaugura la destrucción del medio ambiente. Sacerdotes, reyes, ajetreo, desigualdad sexual y guerra; éstas serán algunas de las casi inmediatas consecuencias (Ehrenberg 1986b, Wymer 1981, Festinger 1983). Por otro lado, las gentes del paleolítico gozaban de una dieta variadísima que incluía miles de plantas comestibles y que la instauración del cultivo reducirá drásticamente (White 1959, Gouldie 1986).

Ante la inteligencia y el inmenso conocimiento práctico que atesoraba la humanidad en la edad de piedra, a menudo nos preguntamos el porqué de que la agricultura no naciera hace, digamos, un millón de años en vez de hace unos ocho mil. Antes he respondido brevemente a esta interrogante al mencionar la lentitud del proceso de alienación fomentado por la división del trabajo y el pensamiento simbólico, pero en vista de cuán negativos fueron sus resultados, no deja de ser un fenómeno desconcertante. Así, para Binford (1968), «la pregunta no es por qué la agricultura (...) no se desarrolló en todas las partes del mundo, sino más bien qué la hizo surgir en primer lugar». El final de nuestra existencia como cazadores-recolectores produjo un declive de nuestra envergadura, estatura y robustez (Cohen y Armelagos 1981, Harris y Ross 1981), amén de introducir la caries dental, deficiencias nutricionales y casi todas las enfermedades infecciosas (Larsen 1982, Buikstra 1976a, Cohen 1981). «En suma (...), un deterioro general de la calidad de vida y, probablemente, también de la longevidad», concluyen Cohen y Armelagos (1981).

Otra consecuencia fue la invención del número, innecesario antes de la propiedad de cosechas, ganado y tierras que acompañaría a la actividad agropecuaria. El uso del número impulsa aún más la instancia a domeñar la naturaleza en vez de integrarse en ella. También la escritura deriva de la domesticación y la necesidad de registrar las incipientes transacciones comerciales y administración política (Larsen 1988). Lévi-Strauss ha argumentado de manera muy convincente que la comunicación escrita se inventó para facilitar la explotación y la subyugación (1955); sin ella, por ejemplo, sería imposible levantar ciudades e imperios, lo que a mi entender muestra bien a las claras la relación entre la lógica simbólica y la acumulación del capital.

La sumisión, la repetición y la regularidad se erigen en claves del triunfo de la civilización y en sustitutos de la espontaneidad, el encanto y el descubrimiento que adornaron nuestro estado preagrícola. Clark (1979) acuña el término «amplitud ociosa» para referirse a la vida del cazador-recolector; y añade que «la estagnación de las pautas sociales se explica en virtud de esta [amplitud ociosa] y el placentero modo de vida que la acompañaba, no por las supuestas penurias y labores ingratas que nos ocupaban todo el día». Uno de los mitos más universalmente duraderos es el que da cuenta de la existencia de una época dorada pretérita que se caracterizaba por la paz y la inocencia, hasta que algo destruyó este idilio para castigarnos al infortunio y el sufrimiento. El edén, o como se le quiera llamar, era el gran hogar por el que nomadeaban nuestros ancestros primigenios; y el mito del paraíso perdido expresa el anhelo de los desilusionados siervos de la gleba por retornar a la libertad y la sencillez.

Los ricos entornos que la humanidad habitara antes de la domesticación y la agricultura han desaparecido casi por completo; y los escasísimos pueblos forrajeadores[2] que perviven están confinados a las tierras más marginales, aquellos lugares aislados que la agricultura aún no ha reclamado. Pero los cazadores-recolectores supervivientes, los que se las han ingeniado para sustraerse a las tremendas presiones de la civilización por convertirlos en esclavos (es decir, agricultores, súbditos, asalariados), no han conseguido sin embargo rehuir las influencias externas (Lee 1976, Mithen 1990).

Duffy (1984) señala que los actuales cazadores-recolectores estudiados por él, los pigmeos mubuti del África central, han sido culturizados durante siglos por los agricultores sedentarios que los rodeaban, y, hasta cierto punto, también por generaciones de contacto con misioneros y representantes de la autoridad gubernamental. Y no obstante parece como si la querencia por

[2] Forrajear significa prácticamente lo mismo que cazar-recolectar, con un matiz explicado por Marvin Harris con el término optimización del forrajeo: los cazadores-recolectores persiguen o recolectan preferentemente aquellas especies que ofrecen un porcentaje máximo de rendimiento calórico con relación inversa al tiempo que se invierte forrajeando y a la incidencia de esta actividad sobre el entorno. Harris, Marvin: *Antropología cultural*. Alianza Editorial (1990). Pág. 129. (Nota del t.)

una vida auténtica poseyera una gran capacidad de perpetuarse. «Imaginemos», propone Duffy, «un modo de vida en el que la tierra, el cobijo y el alimento son gratuitos; una comunidad sin líderes, jefes, políticos, crimen organizado, impuestos ni leyes. Añádanse los beneficios de formar parte de una sociedad en la que todo se comparte, donde no hay pobres ni ricos y donde la felicidad no se identifica con la acumulación de pertenencias materiales». Los mubuti nunca han amansado animales ni sembrado plantas.

Reina en las comunidades no agropecuarias una muy sensata combinación de escaso trabajo y abundancia material. Bodley (1976) descubrió que entre los san (más conocidos como bosquimanes) del rudo desierto de Kalahari, en el África meridional, hay menos miembros de la comunidad que trabajen, y éstos trabajan menos horas, que entre sus vecinos labradores. Y sin embargo son los agricultores quienes han tenido que recurrir a los san para sobrevivir en tiempo de sequía (Lee 1968). Tanaka (1980) se maravilla del breve tiempo que los san dedican a trabajar en relación con el que destinan al ocio y al descanso». Otros investigadores (por ejemplo, Marshall 1976, Guenther 1976) han comentado la vitalidad y la libertad del pueblo san comparado con sus sedentarios vecinos, así como la seguridad y sencillez de que disfruta, comparativamente hablando.

Flood (1983) observó que para los aborígenes de Australia «el trabajo de arar y sembrar los labrantíos no lo compensan las posibles ventajas». En términos más generales, Tanaka (1976) ha subrayado la abundancia y estable disponibilidad de plantas comestibles durante la prehistoria, igual que «ocurre en todas las comunidades primitivas que subsisten hoy día». En la misma línea, Festinger (1983) explica cómo los pueblos del paleolítico gozaban de acceso «a cantidades de comida más considerables que el esfuerzo necesario para obtenerlas», para añadir que los «grupos contemporáneos que aún viven de la caza y la recolección se las apañan muy bien pese a haber sido empujados a los hábitats menos apetecibles».

Como resumen Hole y Flannery (1963), «ningún otro grupo social de este mundo dispone de más tiempo libre que los cazadores-recolectores, que se dedican primordialmente al juego, la conversación y el relajo». Tienen mucho más tiempo libre, agrega Binford (1968), «que los obreros o agricultores modernos ...y que los catedráticos de arqueología, por cierto».

Los no domesticados saben que, como dijo Vaneigem (1975), sólo el presente puede ser total, lo que de suyo implica que viven sus vidas con una inmediatez, densidad y pasión incomparables a las nuestras. Se ha dicho que hay días revolucionarios que valen por siglos. Mientras llegan, «Miramos el pasado y el futuro», como escribió Shelley, «y anhelamos lo que no existe[3]».

Es creencia de los mubuti (Turnbull 1976) que «si el presente se colma correctamente, el pasado y el futuro cuidarán de sí mismos». Los individuos primitivos no rigen sus vidas por el recuerdo de lo pasado y generalmente no les interesa ni poco ni mucho celebrar su cumpleaños ni conocer su edad (Cipriani 1966). En cuanto al futuro, no pretenden controlar lo que aún no existe, del mismo modo que no pretenden controlar la naturaleza. Esta permanente integración en el fluir de la naturaleza en todo y cada momento no excluye una conciencia de las diferentes estaciones del año; pero tampoco es ésta una conciencia alienante del tiempo que les robe el disfrute del presente.

Aunque los cazadores-recolectores contemporáneos consumen más carne[4] que sus antepasados prehistóricos, las frutas y verduras siguen constituyendo el pilar de su dieta en las regiones tropicales y subtropicales (Lee 1968a, Yellen y Lee 1976). Tanto los san del Kalahari como los hazda del África oriental (donde la caza es más abundante que en el Kalahari) fían casi todo su sustento en la recolección (Tanaka 1980). La rama !kung[5] de los san consume más de cien plantas salvajes diferentes (Thomas 1968) y no presenta ninguna deficiencia nutricional (Truswell y Hansen 1976). Lo mismo puede decirse de la dieta sana y variada de los forrajeadores australianos (Fisher 1982, Flood 1983). Luego recolectar plantas y frutos salvajes en lugar

[3] Percy Bisshe Shelley: *Adonais y otros poemas*. CCXLI. A la alondra. Traducción de Lorenzo Peraile (1978). (Nota del t.)

[4] El término carne debe entenderse aquí en sentido lato; es decir, incluidos insectos, por ejemplo. (Nota del t.)

[5] El signo de cerrar admiración (!) a comienzo de palabra intenta transcribir un chasquido de la lengua que, para este grupo humano, constituye un fonema de su idioma. (Nota del t.)

de cultivarlos es preferible desde el punto de vista dietético: la inanición es harto infrecuente entre los incivilizados, y su estado de salud general, mejor que el de las comunidades agrícolas, especialmente en el capítulo de enfermedades crónicas (Lee y Devore 1968a, Ackerman 1990).

Lauren van der Post (1958) se maravillaba ante la exuberante risa de los san, que «brota directamente del estómago. Es una risa que jamás se oye entre personas civilizadas». Él la consideraba emblemática del gran vigor y la clarividencia necesarios para seguir resistiendo y eludiendo las acometidas de la civilización. Truswell y Hansen (1976) debieron de reconocer estas cualidades en un san que había sobrevivido a una lucha desarmada contra un leopardo: aunque sufrió heridas, el san había dado muerte al animal sin más arma que sus manos desnudas.

Los isleños de Andamán, al oeste de Tailandia, no tienen líderes ni simbología ni animales domésticos. La agresividad, la violencia y las enfermedades también brillan por su ausencia entre ellos. Sus heridas cicatrizan con sorprendente rapidez y sus sentidos son extremadamente agudos, en especial la vista y el oído. Aunque se les considera un pueblo en decadencia desde la penetración europea a mediados del siglo XIX, siguen evidenciando rasgos tan destacables como la inmunidad a la malaria y una tersura cutánea que excluye las estrías en los vientres de las madres y las arrugas de la edad entre los viejos. La firmeza de sus dentaduras es aún más impresionante: Cipriani (1966) asegura haber visto a niños de entre 10 y 15 años quebrar clavos con los dientes. También da fe de que no utilizan ningún tipo de protección para extraer miel de una colmena. «Pero nunca reciben aguijonazo alguno; y al contemplarlos uno se siente testigo de un misterio antiquísimo, inasequible para el mundo civilizado».

DeVries (1952) ha enumerado una amplia gama de contrastes que permiten establecer la mejor salud de los cazadores-recolectores, incluidos el parto sin dolor y la ausencia de enfermedades degenerativas e incapacidades mentales. Resalta DeVries que su salud comienza a corroerse en el momento en que entran en contacto con la civilización.

Tiene su lógica que el cúmulo de pruebas se refiera no sólo a la fortaleza física y emocional de los pueblos primitivos, sino también a lo agudizado de sus capacidades sensoriales. Darwin describió cómo los indígenas del extremo meridional de Sudamérica soportaban, casi desnudos, temperaturas muy bajas; y Peasley (1983) estudió aborígenes renombrados por su capacidad para sobrevivir a las gélidas noches del desierto «sin ningún tipo de atavío». Lévi-Strauss (1979) se quedó estupefacto al saber de cierta tribu sudamericana capaz de «divisar el planeta Venus en pleno día», proeza comparable a la de los dogones mauritanos, que consideran a Sirio B la estrella más importante de todas; es decir que de algún modo exento de instrumental, conocen la existencia de una estrella visible sólo mediante los telescopios más potentes (Temple 1976). En la misma vena, Boyden (1970) narraba que los bosquimanes son capaces de distinguir las cuatro lunas de Júpiter a simple vista.

En *The Harmless People* (1959), Marshall cuenta cómo en cierta ocasión acompañó a un san o bosquimán que caminaba resueltamente hacia un punto de una vasta llanura «sin un solo arbusto que sirviera de referencia». Llegado a este punto, el bosquimán señaló un brote de hierba rodeado de un casi imperceptible filamento. Había visto la cepa hacía meses, durante la estación de las lluvias, cuando la planta estaba verde. Ahora, bajo un sol abrasador, cavaba en ese mismo lugar para arrancar una suculenta raíz con la que aplacar su sed. Sin salir del desierto de Kalahari, Van der Post (1958) medita sobre la comunión de los bosquimanes con la naturaleza, una experiencia que «casi podría calificarse de mística. Por ejemplo, parecen ser capaces de ponerse en el lugar de un elefante, un león, un antílope, un hirco, un lagarto, un ratón rayado, una mantis religiosa, un baobab, una cobra de cresta amarilla o un jacinto, por mencionar unos pocos miembros de la variopinta multitud entre la cual viven». Se me antoja perogrullesco añadir que los cazadores-recolectores demuestran unas capacidades de rastreo que prácticamente desafían cualquier explicación racional (por ejemplo, Lee 1979).

Según Rohrlich-Leavitt (1976), «los datos indican que los cazadores-recolectores son la antítesis del sedentarismo y el territorialismo; rechazan la agresión y la competición dentro del grupo; comparten libremente sus recursos; valoran el igualitarismo y la autonomía personal en beneficio de la comunidad cooperativa; y tratan a los niños de manera indulgente y cariñosa». Docenas de estudios apuntan al igualitarismo y al compartimiento de los recursos en régimen comunal como los rasgos tal vez más definitorios de estos grupos humanos (por ejemplo, Marshall 1961 y 1976, Sahlins 1968, Pilbeam 1972, Damas 1972, Diamond 1974, Lafitau 1974, Tanaka 1976 y 1980, Wiessner 1977, Morris 1982, Riches 1982, Smith 1988, Mithen 1990). Respecto del compartimiento, Lee (1982) confirma que se trata de un rasgo «universal entre los forrajeadores»; y los trabajos, clásicos en su género, de Marshall en 1961 dan cuenta de una «ética basada en la generosidad y la humildad» con miras a un modo de vida «marcadamente igualitario». Tanaka aporta un ejemplo arquetípico: «Admiran los comportamientos generosos tanto como reprueban y desprecian la tacañería y la falta de altruismo».

Baer (1986) enumera «igualitarismo, democracia, humanismo, individualización y munificencia» como virtudes universales de los incivilizados; y Lee (1988) agrega que todos estos grupos humanos profesan «una aversión visceral a la menor distinción jerárquica». Más específicamente, Leacock y Lee (1982) aseguran que «cualquier presunción de autoridad» dentro del grupo «provoca la mofa o la ira de los !kung, reacción que también se ha observado entre los mubuti (Turnbull 1962), los hazda (Woodburn 1980) y los montañeses naskapi (Thwaites 1906), entre otros».

«Ni aun un padre de familia numerosa es quien para decir a sus hijos lo que deben hacer. La mayor parte de los !kung de Botsuana parecen regirse según sus propios horarios internos» (Lee 1972). Ingold (1987) considera que «en la mayoría de las sociedades basadas en la caza y la recolección, el principio de autonomía individual constituye un valor supremo», en consonancia con una conclusión similar, debida a Wilson (1988), sobre la «ética de la independencia común a estas sociedades tan abiertas como centradas». Radin (1953), el respetado antropólogo de campo, ha llegado a afirmar que «en las sociedades primitivas, el ejercicio del libre albedrío está permitido a toda forma concebible de expresión personal. Nadie emite juicios morales sobre ningún aspecto de la personalidad humana como tal».

Turnbull (1976) define la organización social de los mubuti

como «un vacío evidente, una ausencia de estructura interna que raya en la anarquía». Según ha investigado Duffy (1984), «los mubuti son acéfalos por naturaleza, en el sentido de que no reconocen líderes ni jefes. Las decisiones que afectan al grupo se adoptan por consenso». Como en muchos otros aspectos, existe una enorme diferencia cualitativa entre forrajeadores y agricultores en lo tocante a sistemas sociales. Por ejemplo, las tribus bantúes como los saga, que cultivan las tierras alrededor del territorio san, están sometidas a un sistema basado en la monarquía, las diferencias de rango y el trabajo; los san, por el contrario, son igualitarios y autónomos y comparten sus recursos. El origen de una distinción tan acusada no es otro que la domesticación.

Las formas de dominación dentro de una sociedad guardan relación con la dominación de la naturaleza. Así, en las sociedades primitivas no jerarquizadas, tampoco existe una distinción jerárquica, en sentido estricto, respecto de las especies no humanas (Noske 1989). Las personas no amaestradas tienden a tratar en pie de igualdad a los animales que cazan; y esta relación esencialmente igualitaria no se altera sin el advenimiento de la domesticación.

Cuando el progresivo extrañamiento de la naturaleza se convirtió en un abierto control social de la mano de la agricultura, las actitudes sociales no fueron lo único que cambió. Los relatos de los primeros marinos y exploradores en arribar a las regiones «recién descubiertas» atestiguan que los mamíferos y aves salvajes no mostraban el menor temor ante aquellos invasores humanos (Brock 1981). Sabemos que algunos recolectores contemporáneos, como los tasaday filipinos, no cazaban antes de sufrir influencias externas (Nance 1975); y aunque es muy cierto que casi todos los demás sí practican la caza, «ésta suele estar exenta de agresividad» (Rohrlich-Leavitt 1976). Turnbull (1965) tampoco percibe agresividad en el modo en que cazan los mubuti, que incluso parecen lamentarlo en cierto modo[6]. Hewitt

[6] Ausencia de agresividad significa aquí ausencia de ira o tal vez indique que esta caza es ecológica —es decir, no agresiva para con el medio ambiente—. En sentido estricto, toda caza sería necesariamente un acto de agresión, con independencia de las sentimientos o intenciones que animen al cazador. (Nota del t.)

(1986) llegó a hablar de un nexo de mutua comprensión entre cazador y presa en sus observaciones sobre los bosquimanes san con los que entabló contacto en el siglo XIX.

Por lo que se refiere a la violencia entre las personas, Lee (1988) advierte que los «!kung detestan las peleas y consideran estúpida a toda persona que se enzarce en ellas». Los mubuti, según testimonio de Duffy (1984), «aborrecen y repudian cualquier forma de violencia entre personas; y jamás la representan en sus danzas o pantomimas[7]». El homicidio y el suicidio, concluye Bodley (1976), son «decididamente excepcionales» entre los cazadores-recolectores cuya placidez no se haya visto perturbada. El carácter guerrero de los «indios» norteamericanos ha sido demasiadas veces un embuste forjado para legitimar las ansias de conquista de los europeos (Kroeber 1961). Los comanches, por ejemplo, mantuvieron sus costumbres pacíficas durante siglos, antes de la invasión europea; y sólo se tornaron violentos al contacto con la civilización circundante (Fried 1973).

Todo desarrollo de una cultura simbólica, la misma que condujo rápidamente a la agricultura, está vinculado a través del ritual con una vida social alienada entre los forrajeadores que aún subsisten. Bloch (1977) ha hallado una correlación entre niveles de ritual y jerarquía, que, puesta en negativo, es la misma que ve Woodburn (1968) entre la ausencia de rituales y la ausencia de jerarquías y roles especializados en la comunidad hazda de Tanzania. El estudio por Turner de los endembu (1957) del África oriental reveló una profusión de ceremonias y estructuras rituales encaminadas a aliviar los conflictos que despuntan con la quiebra de una sociedad más antigua y menos ortopédica. Estas ceremonias y estructuras funcionan de una manera políticamente integradora: el ritual es una actividad repetitiva cuyos resultados y reacciones están asegurados esencialmente por el contrato social; y por transmitir el mensaje de que la práctica simbólica, a través de la pertenencia a un grupo y la observancia de convenciones sociales, provee de control (Cohen 1985). El

[7] Estas formas de arte denotan que no existe comunidad de cazadores-recolectores que no haya desarrollado ciertas formas de cultura simbólica, aunque no se haya producido en ellas la decisiva revolución agrícola. (Aclaración de Zerzan a una pregunta del traductor)

ritual da alas a las aspiraciones de control o dominación; y es un medio probado de acceder al liderazgo (Hitchcock 1982) de una estructura política centralizada (Lourandos 1985). De ahí que el monopolio de las instituciones ceremoniales extienda a las claras el concepto de autoridad (Bender 1978) y hasta podría considerarse el origen formal de la autoridad misma.

Entre las tribus agrícolas de Nueva Guinea, el concepto de liderazgo y la desigualdad que éste implica se basan en la participación en jerarquías de iniciación ritual; o bien en ceremonias a cargo de chamanes o medios que dicen comunicarse con los espíritus (Kelly 1977, Modjeska 1982). El papel social de los chamanes ejemplifica el modo en que una práctica ritual dada contribuye a la dominación social.

Radin (1937) identifica «la misma marcada tendencia» entre los chamanes o hechiceros de distintas sociedades tribales de Asia y Norteamérica «a formular la teoría de que ellos son los únicos capaces de comunicarse con lo sobrenatural». Este acceso «en exclusiva» es lo que parece dotarlos de poder con relación al resto de la comunidad; y así, para Lommel (1967), «el aumento de la potencia psíquica de los chamanes (...) se contrapesa por el debilitamiento de los demás integrantes del grupo». De esta práctica se derivan consecuencias obvias tocantes a otra índole de relaciones de poder, amén de contrastes con otros períodos anteriores libres de liderazgo religioso.

Cada chamán de entre los batucos del Brasil se atribuye competencias sobre ciertos espíritus y pretende alquilar servicios sobrenaturales a su cuota de fieles, muy a la manera de sacerdotes de diferentes confesiones que compiten entre sí (S. Leacock 1988). No es de extrañar, en opinión de Muller (1961), que los especialistas en este tipo de control mágico de la naturaleza acaben especializándose en manipular además a las personas. De hecho, el chamán acostumbra a ser no sólo el individuo con más poder en las sociedades preagrícolas (por ejemplo, Sheehan 1985), sino también, como es lógico, aquél capaz de instituir cambios en ellas. Johannessen (1987) propone la tesis de que la resistencia que suscitó la innovación agrícola fue vencida por la influencia de los chamanes (por ejemplo, entre los indios del suroeste de los actuales Estados Unidos). También Marquardt

(1985) da a entender que las estructuras de autoridad rituales han desempeñado un papel fundamental en la puesta en marcha y la organización de las estructuras productivas en América del Norte. Otro estudioso de los grupos indígenas norteamericanos (Ingold 1987) encuentra un importante nexo entre la dominación chamanística de lo salvaje y la incipiente subordinación de las mujeres.

Mientras Berndt (1974a) indaga sobre el modo en que la separación ritual de las tareas según el sexo ha incidido en los estereotipos sexuales negativos desarrollados por los aborígenes, Randolph (1988) no se anda por las ramas: «Los rituales son necesarios para crear hombres y mujeres *como es debido*». Tal como arguye Bender (1989), el orden natural no justifica esta división de roles, «así que no hay más remedio que crearla mediante la proscripción y el tabú; y *naturalizarla* mediante la ideología y el ritual».

Y, por su propia naturaleza, las sociedades de cazadores-recolectores niegan al ritual su potencial para domesticar a las mujeres. La (¿falta de?) estructura de estos grupos igualitarios garantiza, incluso en los más proclives a la caza, la autonomía de ambos sexos. Tal garantía consiste en que los materiales de subsistencia estén tan al alcance de mujeres como de varones; y sobre todo en el conocimiento de que el éxito del grupo depende de la cooperación sobre la base de dicha autonomía (Leacock 1978, Friedl 1975). Los ámbitos de cada sexo están a menudo algo separados, sí, pero en la medida en que la contribución de las mujeres suele ser al menos igual a la de los varones, la igualdad social de los sexos es «un valor fundamental de las sociedades basadas en el forrajeo» (Ehrenberg 1989b). En verdad, muchos antropólogos han descubierto que el estatus de la mujer es más alto en los grupos forrajeadores que en cualquier otra sociedad (véanse por ejemplo Fluer-Lobban 1979, Rohrlich-Leavitt, Sykes y Weatherford 1975, Leacock 1978).

Según las observaciones de Turnbull (1970) acerca de los mubuti, «hombres y mujeres ejercen la misma influencia en la adopción de todas las decisiones de relevancia, pues tan importante es la caza como la recolección[8]». El mismo Turnbull (1981) aclara que se da la diferenciación sexual —bastante más, probablemente de la que existía entre sus antepasados distantes— «pero sin que de ella se infiera ninguna noción de superioridad ni subordinación». Lo cierto es que los varones !kung trabajan más horas que las mujeres, según confirman Post y Taylor (1984).

Cabe añadir, en lo que toca a la división del trabajo común entre los cazadores-recolectores contemporáneos, que la diferenciación de roles dista mucho de ser universal, como tampoco lo era en tiempos de Tácito, que escribió de los fenos bálticos: «Sus mujeres se sustentan de la caza, igual que los hombres, (...) y llevan una existencia más feliz que otros pueblos que gimen trabajando los campos». O en tiempos de Procopio, quien hacia el siglo VI de nuestra era escribió de los sericifinos que habitaban lo que hoy es Finlandia: «Ni roturan la tierra ellos mismos ni dejan que sus mujeres la aren por ellos; antes bien, las mujeres se les unen en la caza».

Las mujeres tiwi de la isla de Melville cazan con asiduidad (Martin y Voorhies 1975), al igual que las mujeres agta de las Filipinas (Estioko: Griffen y Griffen 1981). En las sociedades mubuti, «la especialización según el sexo es muy limitada. Incluso la caza es un esfuerzo conjunto», nos entera Turnbull (1962); y Cotlow (1971) testifica que la caza «entre los esquimales tradicionales es (o era) una empresa cooperativa en la que participa la unidad familiar al completo».

Darwin (1871) averiguó otro aspecto de la igualdad sexual: «En tribus sumamente bárbaras, las mujeres poseen mayor poder del que cabría esperar para elegir, rechazar y tentar a sus amantes, y también para cambiar de marido después». Los bosquimanes !kung, así como los mubuti, ejemplifican esta autonomía femenina, según relatan Marshall (1959) y Thomas (1965). «Las mujeres no parecen tener problemas para abandonar a su marido cuando su matrimonio no les satisface», concluye Begler (1978). Marshall (1970) también descubrió que las agresiones sexuales son extremadamente inusitadas, por no decir inexistentes, entre los !kung.

---

[8] Turnbull parece sugerir que, en este caso, los varones cazan y las mujeres recolectan, división del trabajo que podría originarse en razones biológicas, como el embarazo en las mujeres, aunque acabe por formar parte de lo cultural. (Nota del t.)

Un fenómeno intrigante entre las mujeres de los pueblos cazadores-recolectores es su capacidad para evitar el embarazo sin necesidad de anticonceptivos (Silberbauer 1981). Para explicarlo se han lanzado y rebotado numerosas hipótesis, como la que de alguna manera relaciona la concepción con los niveles de lípidos en el organismo (Frisch 1974, Leibowitz 1986). Una explicación más plausible es que los pueblos no domesticados viven en una sintonía indeciblemente mayor con sus propios cuerpos de la que nosotros podamos imaginar. Sus sentidos y procesos no están alienados ni embotados, así que no es ninguna extravagancia suponer que el embarazo no tenga nada de misterioso para estas mujeres cuyos cuerpos no son objetos extraños que disciplinar.

Los pigmeos del Congo celebran la primera menstruación de sus muchachas con un gran festival de gratitud y regocijo (Turnbull 1962). Para la homenajeada es un motivo de orgullo y jolgorio; y toda la grey se une a la celebración. Los habitantes de las aldeas agrícolas, en cambio, ven en la menstruación un tabú impuro y peligroso, que en consecuencia someten a cuarentena (Duffy 1984). Draper (1971, 1972, 1975) quedó profundamente impresionada por la laxitud y el igualitarismo que preside las relaciones entre los hombres y las mujeres san, basadas en la flexibilidad de los roles y en el mutuo respeto. Aclara Draper que esta armonía sólo perdura en tanto permanecen fieles a un estilo de vida no agrícola.

Duffy (1984) observó que todos los niños mubuti llaman a cualquier hombre padre; y madre a cualquier mujer de la comunidad. Estos pequeños reciben incomparablemente más cuidados, dedicación y atenciones que los de un núcleo familiar aislado típico de nuestra civilización. Post y Taylor (1984) han descrito el «contacto casi permanente» con sus madres y otros adultos del que disfrutan los niños bosquimanes. Las criaturas !kung estudiadas por Ainsworth (1967) demostraron una marcada precocidad en el desarrollo de sus capacidades cognitivas y motrices más tempranas. Ainsworth lo atribuía al ejercicio y estímulo frutos de la libertad de movimiento sin restricciones, por un lado; y por el otro, al alto grado de cercanía física y calor humano que les dispensaban sus padres (véase también Konner 1976).

Draper (1976) apreció que la «competencia está casi ausente por completo en los juegos a que se entregan los !kung»; y Shostack (1976), que «los niños y niñas !kung juegan juntos y comparten casi todos los juegos». Además, la segunda también observó que nadie les impide practicar otro tipo de juegos que entrarían en la categoría de sexo experimental, lo que explica la libertad con que los adolescentes y jóvenes mubuti «se dan al sexo prematrimonial con un deleitado entusiasmo « (Turnbull 1981). Los suni «carecen de la idea de pecado», escribió Ruth Benedict (1946) en una vena similar. «La castidad como forma de vida les merece la mayor desaprobación (...). Sus placenteras relaciones sexuales no son sino otra vertiente de sus placenteras relaciones sociales (...). Para ellos el sexo es una faceta más de una vida feliz».

Coontz y Henderson (1986) han acumulado pruebas en apoyo de la tesis de que las relaciones entre los sexos son tanto más igualitarias cuanto más simple es la sociedad forrajeadora en que se enmarcan. La mujeres cumplen una función esencial en la agricultura tradicional, pero su estatus no se corresponde con esta contribución, al contrario de lo que ocurre en una sociedad de cazadores-recolectores (Chevillard y Leconte 1986, Whyte 1978). Igual que se hace con las plantas y los animales, así se somete a las mujeres a la domesticación cuando adviene la agricultura. La cultura, que asienta sus cimientos sobre el nuevo orden, exige la firme represión de los instintos, de la libertad y de la sexualidad, proscribe todo des-orden, oprime con mano férrea todo lo elemental y lo espontáneo. La creatividad de las mujeres y su propio ser como personas sexuales deben ser firmemente constreñidas en aras de esa Gran Madre tierra, presente en todas las religiones rurales, que las condena a ser engendradoras fecundas de hombres y de alimento.

Los hombres de la tribu sudamericana de los munduruc, que trabaja la tierra, utilizan un símil que mezcla lo agrícola y lo sexual para indicar cómo se sojuzga a las mujeres: «las domamos con la banana» (Murphy y Murphy 1985). Simone de Beauvoir (1949) también reconoció en la ecuación del arado y el falo un símbolo de la autoridad masculina. Entre los jíbaros amazónicos, otra sociedad rural, las mujeres son tratadas como bestias de carga y propiedad personal de los hombres (Harner 1972); y el «el rapto de mujeres adultas es una parte sobresaliente de las frecuentes guerras» entre estas tribus de las tierras bajas sudamericanas (Ferguson 1988). Las sociedades agrícolas parecen relegar a las mujeres al embrutecimiento y el aislamiento (Gregor 1988), aunque sigan siendo ellas quienes realizan la mayoría de los trabajos e incluso todos en ciertos casos (Morgan 1985).

Estos grupos humanos practican la caza de cabezas en las endémicas disputas por las tierras más codiciadas (Lathrap 1970); también las tribus rústicas de las tierras altas de Nueva Guinea se dedican a la caza de cabezas dentro de un estado de guerra casi permanente (Watson 1970). Las investigaciones de Lenski y Lenski en 1974 concluyen que la actividad guerrera, insólita entre los forrajeadores, es en cambio harto frecuente en las sociedades agrarias. Wilson (1988) se sucinta: «Venganzas, riñas, asonadas, milicias y batallas: todas parecen tener su caldo de cultivo en los pueblos domesticados».

Godelier (1977) está convencido de que los conflictos tribales «pueden explicarse primeramente remontándolos a la dominación colonial», así que su origen no debería rastrearse «en el funcionamiento de las estructuras precoloniales». Claro que Godelier es un marxista (y reacio por tanto a cuestionar la domesticación/producción), lo cual, sospecha uno, tiene no poco que ver con su diagnóstico, pues es evidente que el contacto con la civilización puede surtir un efecto perturbador, degenerador. Y así, al registrar la significativa incidencia del homicidio entre los esquimales Copper (Damas 1972), cabe achacar estos comportamientos violentos a la colisión con influencias externas, pero tampoco debe pasarse por alto que se trata de un pueblo que amaestra perros para usos fundamentales.

Arens (1979) defiende, coincidiendo hasta cierto punto con Godelier, que el canibalismo como fenómeno cultural es una ficción fabricada y divulgada por los agentes conquistadores de las sociedades que lo practicaban. Sin embargo, está documentado (por ejemplo, Poole 1983, Tuzin 1976) entre, cómo no, los pueblos que han conocido la domesticación. Los estudios de Hogg (1966), por ejemplo, ilustran la presencia de esta práctica entre ciertas tribus africanas que la incorporan al ritual y la fundamentan en la agricultura. El canibalismo suele ser una forma de control cultural del caos, en el que la víctima representa la animalidad o aquello que debe ser domado (Sanday 1986). Significativamente, un importante mito de los isleños de las Fiji, el de cómo los fijianos adoptaron el canibalismo, es literalmente una fábula sobre la siembra (Sahlins 1983). Del mismo modo, una sociedad tan domesticada y consciente del fluir del tiempo como fue la azteca ofrecía sacrificios humanos en un gesto destinado a apaciguar a las fuerzas indómitas y a mantener el equilibrio de una sociedad altamente alienada. Como señaló Norbeck (1961), las sociedades no domesticadas y «empobrecidas culturalmente» están exentas de canibalismo y sacrificios humanos.

En cuanto a uno de los puntales básicos de la violencia en otras sociedades más complejas, Barnes (1970) señaló que las «informaciones de luchas territoriales» entre los cazadores-recolectores «escasean llamativamente en la bibliografía etnográfica». Las fronteras !kung son vagas y permeables (Lee 1979), pues nadie se molesta en defenderlas. Otro tanto puede decirse de los territorios pandaram, que se solapan de manera que los individuos van de hecho allí donde les place (Morris 1982). Los hazda también se desplazan libremente de unas regiones a otras (Woodburn 1968); la frontera y su violación son conceptos que significan poco o nada para los mubuti (Turnbull 1966); los aborígenes australianos también rechazan las demarcaciones territoriales o sociales (Gumpert 1981, Hamilton 1982). En una palabra, la ética de la generosidad y la hospitalidad sustituye a la pretensión de exclusividad (Steward 1968, Hiatt 1968). Los cazadores-recolectores no han desarrollado «la menor noción de propiedad privada», según estima Kitwood (1984). Tal como decíamos antes con relación al compartimiento de los recursos, y según corroboran las caracterizaciones de los aborígenes debidas a Sansom (1980) —que los definió como «gentes sin propiedades»—, los forrajeadores no comparten la obsesión de nuestra civilización por todo lo externo. «Mío y tuyo, esas simientes de toda discordia, no han lugar entre ellos» escribió Pietro[9] (1511)

[9] d'Anghiera, Pietro Martire: *De orbe novo*. (Nota del t.)

de los indígenas caribeños topados por Colón durante su segundo viaje a América. Los bosquimanes, afirma Post (1958), no tienen «ningún sentido de la posesión». Lee (1972) nunca les vio establecer «dicotomía alguna entre los recursos naturales y la riqueza de la comunidad». De nuevo ha de insistirse en la existencia de una divisoria entre la naturaleza y la cultura; y en el hecho de que los incivilizados se inclinan por la primera. Muchos cazadores-recolectores sólo necesitan una mano para llevar todo aquello de lo que hacen uso. Al morir, poseen más o menos lo mismo que cuando vinieron al mundo. Hubo un tiempo en que los seres humanos compartían todo. La agricultura consagra la propiedad como valor supremo e incluso conduce a la presunción de que el mundo pertenece a una especie, deformación apenas al alcance de la imaginación. Sahlins (1972) es elocuente al respecto: «Las personas más primitivas del mundo poseen bien poco, pero no son pobres. La pobreza no se mide por el número de nuestras pertenencias, ni tampoco es una mera relación entre los medios y los fines; es, antes que nada, una relación establecida socialmente, un estatus social. Y como tal, es un invento de la civilización». La «tendencia común» en los cazadores-recolectores «a rechazar el cultivo de la tierra hasta que les es literalmente impuesto» (Bodley 1976) delata la dicotomía natura/cultura, presente también en el sobrentendido entre los mubuti de que aquel de ellos que se dedique a la agricultura deja de ser un mubuti (Turnbull 1976). Saben que la forrajeadora y la aldeana son sociedades opuestas con valores no menos opuestos. No obstante, en ocasiones se pierde la perspectiva al identificar el factor crucial de la domesticación: «Los pueblos históricos de la costa occidental de Norteamérica se han considerado tradicionalmente atípicos entre los cazadores-recolectores» señala Cohen (1981), al igual que Kelly (1991): «Las tribus litorales del noroeste rompen todos los estereotipos de los cazadores-recolectores». Estos forrajeadores, que se sustentan principalmente de la pesca, exhiben en efecto características propias de las sociedades alienadas: jefes, jerarquía, guerra y esclavitud [...] y también cultivan tabaco y amaestran perros, detalle que suele omitirse las más de las veces. Incluso esta celebrada «anomalía» puede servir como ejemplo de la domesticación. Su práctica, del ritual a la producción, acompañada de varias formas de dominación, parece afianzar y fomentar las fases del declive a partir de un estado de gracia anterior. Thomas (1981) aporta el ejemplo de tres tribus de la Gran Depresión[10] del oeste norteamericano; a saber: los xoxonis de las montañas Kawich, los del río Reese y los payutas del valle del Owens. Los tres grupos mostraban claramente diversos niveles de desarrollo de la agricultura, acompañados de distintos grados de territorialismo, propiedad y jerarquía que se correspondían estrechamente con distintos grados de domesticación.

Sería imposible e incluso indeseable «definir» un mundo desalienado, pero en cambio pienso que podemos y debemos desvelar el «in-mundo» actual y averiguar por qué es como es. Al adoptar la cultura simbólica y la división del trabajo hemos tomado un desvío monstruosamente equivocado: abandonamos un mundo de encanto, entendimiento y completitud para acabar destapando la nada en el corazón del reverenciado progreso. Vacía y vaciante, la lógica de la domesticación y su insaciable exigencia de control ha terminado por descubrirnos la ruina de la civilización, que arruina todo lo demás. El menosprecio sistemático por la naturaleza nos ha conducido a la tiranía de unos sistemas culturales que pronto harán la misma tierra inhabitable. Dicen los posmodernos que una sociedad sin relaciones de poder sólo puede existir como abstracción (Foucault, 1982). Nos están mintiendo, salvo que nos resignemos a la muerte de la naturaleza renunciando a lo que fuimos y a lo que podemos recuperar. Turnbull describió las danzas del pueblo mubuti como expresiones de tal intimidad con el bosque, que casi parecían hacer el amor con él. En el seno de una vida entre iguales, eso no tiene nada de abstracto; eso es algo que está luchando por sobrevivir, «bailando con el bosque, bailando con la luna» ◆

---

[10] Este accidente geográfico comprende casi todo el estado de Nevada y parte de los de California, Idaho, Oregón y Utah. (Nota del t.)

Psicología de masas desdichadas

Hace ya algún tiempo, justo antes de los levantamientos de los sesenta —movimientos que no han cesado, pero sí se han visto relegados a manifestaciones menos directas o menos públicas— *El hombre unidimensional* de Marcuse describía un populacho adocenado y satisfecho con el aplanamiento de su personalidad. A la vista de la penetrante angustia que nos embarga, ¿quién encajaría hoy en semejante descripción? Subyace aquí una crítica tan profunda como incoativa.

Mucho se ha teorizado para anunciar la erosión de los últimos remanentes de la individualidad; pero si fuera cierto que la nuestra es una sociedad de homogenizados y domesticados a conciencia, ¿cómo se explica la persistencia de esa tensión invencible que debe de encontrarse tras los niveles de dolor y pérdida que padecemos? Cada vez conozco más casos de personas que no han sido capaces de soportarlo por más tiempo. Porque la situación está llegando a unos extremos intolerables en un contexto de áspero mal-estar emocional.

Marx predijo, erróneamente, que la profundización en la miseria material conduciría a la revolución y al derrumbe del capital, pero ¿no será más bien que el aumento de nuestro sufrimiento psíquico está conduciendo por sí mismo a reabrir la rebelión y bien pudiera constituir nuestra última esperanza de resistencia?

Y no obstante es evidente que el sufrimiento de por sí no garantiza nada. «El deseo no *quiere* la revolución; es revolucionario por derecho propio», como señalan Deleuze y Guattari, que también nos recuerdan en su *Anti-Oedipus*, a propósito del fascismo, cómo la gente ha deseado en contra de sus propios intereses; y que nuestra tolerancia ante lo humillante y lo esclavizante sigue tan extendida como siempre.

Ya sabemos que detrás de la represión y la anulación psíquicas se oculta la represión social, pues ni siquiera una negación tan generalizada puede evitar que asomen al menos algunas formas de necesaria confrontación con la realidad en todas sus dimensiones. La conciencia social no tiene por qué omitir lo individual, so riesgo de abundar, con una formulación distinta, en el error primordial de la psicología. La pesadilla en que vivimos nos administra a cada uno de nosotros su ración de miedos y limitaciones; y no existe ruta liberadora que olvide la primacía del todo, incluida la cuestión de por qué ese todo vive en cada uno de nosotros.

Estrés, soledad, depresión, aburrimiento: psicopatologías de la vida cotidiana. Niveles de tristeza nunca conocidos, que implican un reconocimiento, aunque sea sólo visceral, de que las cosas podrían ser distintas. ¿Cuánto gozo queda en la sociedad tecnológica, en este páramo de alienación y ansiedad? Los epidemiólogos para achaques de salud mental sospechan que el porcentaje de población que no presenta síntomas psicopatológicos no sobrepasa el veinte. Así pues, escenificamos una «patología de la normalidad» marcada por el empobrecimiento psíquico crónico de una sociedad cualitativamente enferma.

Arthur Barsky diagnostica en su *Worried Sick* (1988) un mal típicamente norteamericano: a despecho de todos los «avances» médicos, la población nunca ha sentido tan «constante necesidad de asistencia médica». La crisis de la familia (y de las relaciones íntimas en general) propicia que la búsqueda de la salud (y del bienestar emocional en particular) haya alcanzado proporciones verdaderamente industriales. La toxicidad, en todos los sentidos, del entorno laboral se suma a la desintegración de la familia para alimentar el rampante crecimiento de una maquinaria empresarial al servicio de una sanidad industrializada. Para una población que en su infortunio se muestra trágicamente más interesada que nunca en recibir asistencia sanitaria, el actual modelo dominante de atención médica, lejos de ser una solución, forma parte del problema. No tiene nada de raro en este contexto que Thomas Bittker escriba sobre «La industrialización de la psiquiatría norteamericana» (*American Journal of Psychiatry*, febrero de 1985); ni que Gina Kolata observe una gran desconfianza hacia la profesión médica, en cuanto la medicina es vista como otro negocio más (*New York Times*, 20 de febrero de 1990).

Los desórdenes mentales derivados de apechugar con el actual estado de cosas se tratan casi exclusivamente con remedios bioquímicos que reduzcan la conciencia individual de padecer una angustia inducida socialmente. Los tranquilizantes son hoy el medicamento o droga más recetado del mundo; y tampoco se venden nada mal los antidepresivos. Se obtiene así un alivio temporal, al precio de los efectos secundarios, de los riesgos adictivos y de acabar un poco más machacados. El simple ir tirando se convierte en una carga. «¿Por qué hay tanta gente que nunca tiene tiempo para nada?», escribía Trish Hall (*New York Times* del 2 de enero de 1988), quien llegaba a la conclusión de que «todo el mundo parece estar quemado de todo».

Una encuesta Gallup fechada en octubre de 1989 revelaba que los trastornos derivados del estrés se estaban convirtiendo en el primer motivo de baja laboral en todo el país. Un mes más tarde conocíamos el dato de que las demandas de incapacidad relacionadas con el estrés se habían casi quintuplicado en California entre 1982 y 1986. En cifras más recientes se calcula que los síntomas de estrés y trastornos mentales representan casi dos tercios de los nuevos casos en que se ocupan los programas de asistencia a empleados. Douglas La Bier se pregunta en su *Modern Madness* (1986): «¿Qué tiene el trabajo moderno que nos hace tanto daño?» Parte de la respuesta se encuentra en una creciente bibliografía que nos descubre la hilaza: la «oficina del mañana» propia de la era informática no es mejor que el duro taller de antaño. Es más, la computarización introduce un control neotayloriano de la productividad que excede a todo lo intentado hasta ahora. La visión del «látigo tecnológico» que aflige cada vez más a los trabajadores de camisa blanca lleva a Curt Supplee (*The Washington Post* , enero de 1990) a dictaminar: «Hemos visto el futuro; y da miedo». Unos meses antes Sue Miller escribía en el *Baltimore Evening Sun* sobre otro aspecto del cuadro del trabajador quemado refiriéndose a un estudio nacional de psicología clínica que cifraba en al menos un espeluznante 93 por ciento las mujeres norteamericanas «atrapadas en una epidémica tristeza».

A todo esto, las tasas de suicidios y homicidios no dejan de registrar subidas en Estados Unidos, donde el 80 por ciento de los encuestados admite haber al menos pensado en el suicidio. Los suicidios consumados han aumentado espectacularmente entre los adolescentes durante los tres últimos decenios; y el número de adolescentes encerrados en centros psiquiátricos tampoco ha cesado su vertiginoso ascenso desde 1970. Para los que prefieran otros baremos de calibrar el sufrimiento: la obesidad infantil mórbida se ha incrementado en más de un 50 por ciento en los últimos 15 a 20 años; y serios trastornos de la conducta alimentaria como la bulimia y la anorexia se han vuelto relativamente comunes entre las jóvenes universitarias. Tampoco tienen nada de infrecuente las disfunciones sexuales y menos aún los ataques de pánico y de ansiedad, que podrían desplazar a la depresión de su reinado entre las enfermedades mentales. El aislamiento y la sensación de sinsentido han llegado al extremo de convertir los cultos más absurdos y el evangelismo televisivo en opciones atractivas para muchos.

La letanía de síntomas culturales es prácticamente interminable. Ni aun la industria del cine contemporáneo, que por lo general suele servir a intereses escapistas, puede dejar de proyectar una insatisfacción tan epidémica. Véase, por ejemplo, Robert Phillip Kolker: *A Cinema of Loneliness: Penn, Kubrick, Scorsese, Spielberg, Altman*. La literatura reciente es aún más resuelta al describir la desolación y la degradación de la sociedad; y la desesperanza de los jóvenes en particular. Véanse, por ejemplo, *Less Than Zero* de Bret Easton Ellis, *Goodman 2020* de Fred Pfail y *The Knockout Artist* de Harry Crews, por mencionar unos pocos.

En este contexto de hundimiento en la miseria, lo que está ocurriendo con los valores y usos predominantes suscita un interés paradigmático a la hora de situar con más exactitud nuestra «psicología de masas» y su significado. Abundan las señales de que la demanda de «gratificación instantánea» se vuelve cada vez más insistente, ahondando en la corrosión de las estructuras represivas y provocando lamentaciones escandalizadas a diestra y siniestra.

El uso fraudulento de las tarjetas de crédito, en especial la acumulación deliberada de saldos negativos, generó una deuda de 1.500 millones de dólares ya en 1988. Bancarrota individual como solución a un endeudamiento que, dicho sea de paso, se duplicó entre 1980 y 1990. Los impagos de préstamos federales a estudiantes se cuadruplicaron con creces entre 1983 y 1989.

En noviembre de 1989, se produjo la situación sin precedentes de que la marina de guerra norteamericana se viera obligada a suspender sus operaciones en todo el mundo durante 48 horas, debido a una erupción de accidentes con resultado de muerte o lesiones durante las tres semanas precedentes. La moratoria implicó una revisión a fondo de las directrices de seguridad, lo que reabrió el debate sobre abuso de drogas, absentismo, incompetencia y otros problemas que amenazaban el funcionamiento mismo de la marina.

El número de hurtos en el trabajo también alcanza cotas nunca conocidas hasta ahora: en 1989, el cuerpo de policía de Dallas informó de un aumento del 29 por ciento, con relación a los cinco años anteriores, en las pérdidas de los minoristas por este motivo; y según un sondeo realizado por London House en todo el país, el 62 por ciento de los empleados en establecimientos de comida rápida reconocía haber sisado de sus patronos. El FBI reveló a principios de 1990 que los hurtos en tiendas y grandes almacenes habían aumentado un 35 por ciento desde 1984, recortando muy considerablemente los márgenes de beneficio obtenido por los comercios.

En noviembre de 1988 se batió un récord de cuarenta años de antigüedad: el de abstencionismo electoral. Continuaba así la tendencia descendente que ha afectado a la participación en las elecciones presidenciales desde 1960. Las calificaciones medias en el examen de ingreso a la Universidad (el SAT) bajaron durante todo el decenio de los setenta y primeros ochenta, para recuperarse muy ligeramente y volver a caer en 1988. A principios de los ochenta el retrato por Arthur Levin de los universitarios norteamericanos, *When Dreams and Heroes Died*, daba cuenta de un «cinismo y recelo generalizados»; y a finales de esa misma década el ensayo de Robert Nisbet *The Present Age: Progress and Anarchy in North America* deploraba los desastrosos efectos que surte sobre el sistema esa actitud de «pasar de todo» adoptada por los más jóvenes. George F. Will, por su parte, nos recuerda que todo el entramado social, incluida la autoridad gubernamental, se basa «en la disposición de los ciudadanos a creer en él», mientras el economista de Harvard Harvey Liebenstein se hacía eco de este razonamiento en su obra *Inside the Film*, al enfatizar que las empresas deben sostenerse sobre el tipo de trabajo que sus empleados quieran de buen grado desempeñar.

De todos los bachilleres que ingresan en los institutos de secundaria del país, apenas un 70 por ciento logra graduarse, a pesar de la denodada lucha contra el fracaso escolar y contra el desistimiento de muchos. Como dice Michael de Courcy Hinds (*New York Times*, 17 de febrero de 1990), «los educadores de este país están intentando casi cualquier cosa con tal de mantener a los chicos en el colegio», mientras se está produciendo un fenómeno aún más radical: el aumento en el número de personas de todas las edades que se niegan a aprender a leer y escribir. David Harman (*Illiteracy: A National Dilemma*, 1987) verbalizó lo desconcertante de la situación al preguntarse cómo la adquisición de estas capacidades «puede ser tan evasiva, pareciendo tan simple».

La respuesta puede ser que el analfabetismo, como la escolarización, se ve cada vez más como un valor que cuenta meramente según su contribución al mercado de trabajo; es decir, que la renuncia a la alfabetización no es sino otro signo del profundo desencanto con el sistema, un aspecto más de la desafección generalizada. Un sondeo de Hooper realizado a mediados de 1988 indicaba que para los norteamericanos el trabajo ocupa el octavo lugar entre las diez satisfacciones más importantes de la vida: 1989 registró el más bajo crecimiento anual de la productividad desde la recesión de 1981-83. La «epidemia» de las drogas, cuyo combate le costó al gobierno casi 25 000 millones de dólares en los años ochenta, plantea una amenaza aún más grave para la sociedad, al definirse en el rechazo del trabajo y el sacrificio. No hay «guerra contra las drogas» capaz de abordar el problema mientras se siga defendiendo este panorama de dolor y falsos valores. La necesidad de escapar se volverá cada vez más irresistible, porque un cuerpo social enfermo percibe la imparable podredumbre de todo el tinglado y en consecuencia ansía desertar de él.

Por desgracia, la vía de «escape» más socorrida de todas es a la postre un servidor del presente estado de cosas: lo que Sennett ha dado en llamar «la creciente importancia de la psicología en la vida burguesa». Debe incluirse aquí la extraordinaria proliferación de nuevas suertes de terapia a partir de los setenta; y detrás de este fenómeno, el ascenso de la psicología a religión dominante. La sociedad psicologizada hace que el individuo se vea a sí mismo como problema, lo que convierte a esta ideología en un preeminente aprisionamiento social, pues la psicología niega lo social, rehúsa tomar en consideración que la sociedad como un todo comparte responsabilidades fundamentales en los trastornos generados en cada ser humano.

Las ramificaciones de esta ideología pueden verse por doquier. Por ejemplo, a los asediados por el estrés laboral se les aconseja que «respiren hondo, se rían a carcajadas o vayan a dar un paseo», etc. Igual que esas exhortaciones a reciclar, tan cargadas de moralina, como si la ética aplicada al consumo personal fuera una solución realista a la crisis ecológica planetaria que ha provocado la producción industrial. O igual que la campaña de fomento de la autoestima a cargo de una comisión californiana de expertos ...en respuesta a la enorme quiebra social registrada en este estado.

Este enfoque, enraizado en el centro mismo de nuestra vida contemporánea, viene a legitimar la alienación, la soledad, la desesperanza y la ansiedad. Siendo incapaz de distinguir el contexto de nuestro malestar, privatiza el desasosiego y sugiere que sólo cabe alcanzar soluciones no sociales. Este «fraude insondable de mera introspección», según palabras de Adorno, impregna todo aspecto de la vida norteamericana y perpetúa la opresión enmarañando los datos aportados por la experiencia humana.

La adhesión multitudinaria a una visión terapéutica del mundo acaba por conformar una cultura tiranizada por lo terapéutico que, en nombre de la salud mental, nos ofrece malestar mental. Nuestra sensación de impotencia y extrañamiento se extiende a medida que crece la influencia de los expertos en psicología y sus divulgadores, estos nuevos peritos en comportamiento humano que se empeñan en interpretarnos la vida moderna.

Passages (1977), de Gail Sheehy, sin ir más lejos, se ocupa del desarrollo vital humano sin la menor referencia a ningún contexto social o histórico, viciando así su preocupación por el «yo libre y autónomo». Y la obra de Arlie Russell Hochschild, *Managed Heart* (1983), sobre la «comercialización de los sentimientos humanos» en una economía cada vez más volcada sobre el sector de los servicios, se las arregla para tratar semejante tema evitando cuestionarse la totalidad y pasando completamente por alto la evidencia de una sociedad clasista y la infelicidad que genera. En cuanto a *When Society Becomes an Addict* (1987), de Anne Wilson Schaef, se trata de una acumulación de incoherencias destinadas, a pesar del título, a intentar negar la existencia de la sociedad reduciéndola a las relaciones estrictamente interpersonales. Y me estoy limitando a los libros *menos* escapistas de entre la avalancha de títulos del tipo «Cómo bla bla bla» que inunda librerías y supermercados.

Es claro que la psicología fomenta la falta de comunidades solidarias; que forma parte de la desintegración acelerada de nuestra sociedad. Enfatiza la necesidad que *cada uno* tiene de cambiar su propia personalidad y evita a toda costa que salgan a la luz los hechos de un capitalismo burocrático y consumista y su incidencia sobre nuestras vidas y conciencias. Considérese, por ejemplo, la solución que propone Samuel Klarreich para lidiar con el estrés (*Stress Solution*, 1988): «...Estoy convencido de que uno puede determinar en gran medida qué le va a causar estrés, y hasta qué punto este estrés va a interferir en su vida, según los puntos de vista que defienda, independientemente de lo que ocurra en el lugar de trabajo». Bajo el estandarte de la productividad, se amaestra al ciudadano para que sirva de por vida como recluso de la sociedad industrial, situación que, como ya observó Ivan Illich, no está desligada del hecho de que todo el mundo tienda hacia la posición de paciente u objeto de la terapia, o por lo menos a la aceptación de sus postulados.

En la sociedad psicologizada, los conflictos sociales de todo tipo se trasladan automáticamente al campo de los problemas psíquicos: así podrán achacarse a los individuos como asuntos privados suyos. ¿Que la escolarización provoca una resistencia infantil casi universal? La psicología lo clasificará, por ejemplo, como «hiperquinesis» y tratará el problema del niño con drogas o ideología psiquiátrica, invadiendo así aún más su vida en lugar de reconocer su protesta. De este modo se garantiza que nadie eluda la red terapéutica.

Es evidente que muchos se retiran de lo social, debido en gran medida a su experiencia de derrota y la dimisión que le subsigue, para fomentar un cultivo de lo personal como único territorio posible de autenticidad. Louise Banikow cita a uno de estos desesperanzados súbditos noveles del «gran país de los solos»: «Mis aspiraciones se han vuelto completamente personales: lo único que ambiciono es enamorarme». Y sin embargo la exigencia de cumplimiento personal, por mucho que la circunscriba la psicología, es de un hambre tan voraz que la cantidad de sufrimiento que genera amenaza reventar las fronteras de ese mundo interior recetado. Como apuntábamos antes, la indiferencia ante la autoridad, la desconfianza hacia las instituciones y el auge del nihilismo se han extendido hasta el punto en que los parches terapéuticos no sólo no alcanzan a satisfacer al individuo, sino que acabarán por fracasar también en su intento de salvaguardar el orden social. Toynbee señaló que una cultura en declive promueve el ascenso de una nueva iglesia capaz de extender la esperanza entre el proletariado mientras sirve con exclusividad a los intereses de la clase dirigente. Quizás más temprano que tarde la gente empiece a darse cuenta de que esta nueva iglesia no es otra que la psicología, lo que puede explicar por qué tantos terapeutas aconsejan ahora a sus rebaños contra las «expectativas irrealistas» de lo que pueda deparar la vida.

Para satisfacer sus necesidades de regulación y jerarquía, el sistema burocrático-consumista lleva más de medio siglo inquiriendo de la psicología métodos de control y predicción. Y la misma ideología consoladora, propia de un enfoque que ve al yo como la bóveda que cubre cualquier otra realidad, ha servido a estas necesidades de control y debe casi todos sus presupuestos a Sigmund Freud.

Para Freud, para su wagneriana teoría de los instintos guerreros y para su arbitraria división del ser en ello, yo y superyó, las pasiones del individuo eran primordiales y peligrosas. La tarea de la civilización consistía en atajarlas y enjaezarlas. Todo el edificio del psicoanálisis, reconoce Freud, se cimienta sobre la teoría de la necesaria represión. Obviamente la dominación encontrará un poderoso aliado en una teoría que dice que la cultura sólo se establece por la vía del sufrimiento, que nuestros deseos son un obstáculo para la continuidad de la civilización y por lo tanto es inevitable renunciar constantemente a ellos, que el trabajo se sustenta de la energía sublimada procedente de sofocar la pasión amorosa, que todo esto, en fin, debe ser así por la «agresividad consustancial» a la «naturaleza humana» (que es eterna y universal, por supuesto).

Como entendía plenamente el poder deformador de tantísima represión, a Freud le parecía probable que la humanidad se hubiera vuelto toda ella neurótica en mayor o menor grado. Pese a su acrecentado temor al fascismo a partir de la Primera Guerra Mundial, él mismo contribuyó a alimentarlo justificando la renuncia a la felicidad. Reich se refiere a Freud y Hitler con cierta acritud cuando observa que «unos pocos años después un genio patológico —aprovechando al máximo la ignorancia y el miedo a la felicidad— llevó a Europa al borde de la destrucción bajo el lema de la *heroica renuncia*».

Con el complejo de Edipo, esa fuente ineludible de culpa y represión, Freud vuelve a revelarse como el consumado hobbesiano que es. Este complejo universal, este vehículo de aprendizaje de tabúes autoimpuestos mediante la experiencia infantil (masculina) de miedo al padre y lujuria hacia la madre, se basa en un reaccionario cuento de hadas a cargo de Freud, donde no falta la horda primigenia dominada por un padre poderoso que poseía todas las mujeres disponibles y que acaba siendo muerto y devorado por sus hijos. Este tipo de antropología, que ya se consideraba risible en la época en que Freud la puso por escrito, expone plenamente uno de sus errores fundamentales: el de suponer que sociedad equivale a civilización. Hoy existen pruebas convincentes de que nuestra vida precivilizada se caracterizó por la igualdad y la ausencia de dominación; no, desde luego, por ese estrafalario patriarcado que Freud describió como el origen de casi todos nuestros sentimientos de culpa y vergüenza. Él, no obstante, se mantuvo convencido de la inevitabilidad del entorno edípico, como de la validez intrínseca del complejo de Edipo y los sentimientos de culpa en interés de la cultura.

Freud consideraba la vida psíquica como algo cerrado sobre sí mismo y no sujeto a la influencia de la sociedad, premisa que conduce a una visión determinista de la niñez y aun de la lactancia, junto con juicios tales como: «El miedo a la pobreza deriva de un erotismo anal regresivo». Considérese su *Psicopatología de la vida cotidiana*, que se reeditó nueve veces entre 1904 y 1924, y obsérvense los nuevos ejemplos de «lapsus verbales» o usos inintencionadamente reveladores de ciertas palabras, que se iban añadiendo continuamente: a pesar de las insurrecciones que jalonaron muchos de aquellos años en Austria y alrededores, ni una sola vez encontraremos que Freud detecte un «lapsus» relacionado con el miedo que le tenía la burguesía a la revolución ni tampoco con otros miedos sociales cotidianos, como los relacionados con huelgas, insubordinación, etc. Parece más que probable que los lapsus irreprimidos tocantes a esos asuntos fueran cribados por Freud como irrelevantes para sus puntos de vista universalistas y ahistóricos[1].

También merece la pena comentar el «descubrimiento» por Freud del instinto de muerte. Habiendo ahondado en su pesimismo, contrastó el eros, o instinto vital, con el tánatos, un ansia de muerte y destrucción, un ingrediente de la especie tan funda-

[1] Otra posibilidad, admite Zerzan, es que el mismo Freud también incurriera en lapsus, exactamente igual que cualquiera otra persona. O dicho con otras palabras, la omisión por Freud de los lapsus cuyo significado le resultaba particularmente inoportuno sería inintencionada y por lo tanto vendría a confirmar su propia teoría en lugar de restarle crédito. (Nota del t.)

mental e imposible de erradicar como el instinto de conservación, la pelea por la vida. Dicho sin rodeos: «Toda vida tiene la muerte por objetivo» (1920). Parecerá ocioso anotar que este descubrimiento vino acompañado por la inmensa carnicería de la Primera Guerra Mundial, por un matrimonio cada vez más infeliz y por un diagnóstico de cáncer maxilar, pero aun así es imposible malinterpretar los servicios que esta metafísica distópica prestó a la causa de justificar la autoridad: la asunción de que el instinto de muerte, la agresión, el odio y el miedo siempre estarán con nosotros milita contra la idea de que la liberación es posible. En los decenios posteriores los trabajos de Melanie Klein, orientados hacia el instinto de muerte, gozarían de gran predicamento entre las clases dirigentes inglesas, precisamente por su énfasis en la necesidad de frenos sociales para limitar la agresividad. Lacan, el más destacado discípulo de Freud en la actualidad, también parece coincidir en la inevitabilidad del sufrimiento y la dominación. Más concretamente, sostiene que el patriarcado es una ley natural.

Marcuse, Norman O. Brown y otros han reteorizado a Freud en una dirección radical, interpretando sus ideas en clave más descriptiva que prescriptiva; y algo tiene de plausible una orientación que valida sus sombríos postulados exclusivamente en lo que se refiere a la vida alienada, en lugar de aplicarlos a cualesquiera mundos sociales imaginables. Y por haber hay hasta muchas feministas freudianas, cuyos esfuerzos por aplicar el dogma psicoanálitico a la opresión de las mujeres parecen no obstante aún más artificiales.

Freud sí identificó el «principio femenino» como más cercano a la naturaleza, menos sublimado y difuminado por la represión que el masculino, pero, fiel a los principios que lo guiaban, consideró que uno de los avances esenciales de la civilización había consistido precisamente en la victoria de la intelectualidad masculina sobre la sensualidad femenina. Lo más penoso de los diversos intentos de recuperar a Freud es la ausencia de una crítica de la civilización: toda sus obra se deriva de la aceptación de la civilización como valor supremo. Y es básica, en este sentido como en el metodológico, la advertencia de Foucault a quienes se conformarían con una mera reorientación del edificio freudiano: la voluntad de cualquier sistema «consiste en extender nuestra participación en el sistema presente».

Hablando de diferenciación sexual, Freud enunció sin ambages la radical inferioridad de la mujer. Su visión de las mujeres como hombres castrados constituye un caso de determinismo biológico: anatómicamente son menos porque sí; y han sido condenadas a este estado debido a su masoquismo y su envidia del pene.

Este asomarme a Freud no tiene pretensiones de completitud ni profundidad, pero sí de patentizar cuán falsa era su negación (*Nuevas lecciones introductoras al psicoanálisis*, 1933) de que el freudianismo postulara valores fuera de los inherentes a la ciencia «objetiva». A este malogro fundamental se podría añadir la naturaleza arbitraria de prácticamente toda su filosofía. Divorciadas como intencionadamente están del grueso de la realidad social —de entre la legión de otros ejemplos, me viene a la cabeza el de su teoría de la seducción, donde afirmó que el abuso sexual era sobre todo una fantasía—, cualquier inferencia freudiana podría, sin merma de plausibilidad, sustituirse por otra diferente. Resumiendo, como hace Frederick Crews: «una doctrina plagada de automatismo, cosificación y universalismo arbitrario».

Por lo que toca al tratamiento, según sus propias cuentas, Freud nunca consiguió la curación definitiva de un solo paciente; y el psicoanálisis no ha demostrado ningún aumento de eficacia desde entonces. En 1984 el Instituto Nacional de Salud Mental norteamericano calculó en 40 millones el número de enfermos mentales en nuestro país, mientras que un estudio de Regier, Boyd et al. (*Archives of General Psychiatry*, noviembre de 1988) reveló que el 15 por ciento de la población adulta padecía algún «desorden psiquiátrico». Una dimensión obvia del empeoramiento de la situación es la familia contemporánea, que «está sumida en un tremedal de crisis permanente», como nos dice Joel Kovel y nos indica el incesante fluir de inválidos emocionales que esta institución entrega a la industria de la salud mental.

Si la alienación es la esencia de todos los males psiquiátricos, la psicología es el estudio de los alienados que carece de conciencia al respecto. El efecto de la sociedad total, en la que el individuo ya no puede reconocerse a sí mismo, se considera irrelevante para el diagnóstico y el tratamiento, en virtud de los cánones de Freud y la sociedad psicologizada. La psiquiatría se apropia así de un dolor y una frustración incapacitadores, los redefine como enfermedades y, en algunos casos, es capaz de eliminar los síntomas. Entretanto, un mundo mórbido persiste en su enajenante racionalidad tecnológica que excluye cualquier vida afectiva continuamente espontánea: la persona es sometida a una disciplina diseñada para convertirla en un instrumento del engranaje productivo, a expensas de su sensualidad.

La enfermedad mental es, primariamente, una escapatoria inconsciente[2] de este diseño, una forma de resistencia pasiva. R.D. Laing describió la esquizofrenia como un adormecimiento psíquico que finge una especie de muerte para conservar la vida de un algo que pertenece a lo más íntimo del enfermo. El esquizofrénico tipo suele frisar la veintena, es decir, se encuentra en el punto culminante del largo período de socialización que debe prepararlo para ocupar su puesto en el mundo laboral ...y no se «adecúa» a este destino. Históricamente, es digno de mención que la esquizofrenia guarda una estrecha relación con el industrialismo, como Torrey ha argüido de forma harto convincente en su *Schizophrenia and Civilization* (1980).

En años recientes, Szasz, Foucault y Goffman, entre otros, han llamado la atención sobre los prejuicios ideológicos con los que se contempla la «enfermedad mental». La terminología «objetiva» encubre sesgos culturales, como ocurre, por ejemplo, con los «desórdenes sexuales»: en el siglo XIX la masturbación se trataba como una enfermedad; y también los homosexuales eran clasificados como enfermos por el establecimiento psicológico hasta hace apenas veinte años.

Hace mucho que es diáfana la existencia de un componente de clase en los orígenes y tratamiento de la enfermedad mental. Ya no es sólo que lo que no pasa de comportamiento «excéntrico» entre los ricos suele en cambio llamarse desorden psiquiátri-

[2] Aunque critique la teoría freudiana, Zerzan parece dar por buena al menos su terminología. Preguntado al respecto, reconoce que algunos de los términos acuñados por Freud han pasado al lenguaje coloquial. Casi podría decirse, irónicamente, que los hablantes los usamos de manera inconsciente. (Nota del t.)

co —y tratarse de manera completamente diferente— entre los pobres; es que además muchos estudios desde *Social Class and Mental Illness* (1958), de Hollingshead y Redlich, han demostrado cuánto más expuestos están los pobres a la invalidez emocional. Roy Porter observó que, como se hace ilusiones de poder, la locura puede ser tanto impotencia como omnipotencia, lo que viene a recordarnos que, debido al influjo de la indefensión, la alienación y la pobreza, las mujeres son impelidas a la depresión nerviosa con más frecuencia que los hombres. La sociedad hace que todos nos sintamos manipulados y por lo tanto recelosos, «paranoicos». Y así ¿cómo no vamos a deprimirnos? Se va agrandando la brecha entre los crecientes niveles de dolor y mal-estar y la declarada neutralidad y sabiduría del modelo médico, mientras la credibilidad de éste se corroe a ojos vistas.

Ha sido el fracaso de otras formas de control social lo que ha otorgado a la medicina psicológica, y a los objetivos expansionistas que le son inherentes, su trayectoria ascendente en los tres últimos decenios. El modelo terapéutico de autoridad (y el poder profesional, supuestamente exento de valoraciones, que sustenta) está cada vez más entretejido con el poder del estado y ha aupado una invasión del yo de mucho mayor alcance que cualquiera de los intentos anteriores. «La ambición del control psicoanalítico no conoce límites. Si pudiera, no dejaría que nada escapase a él», opina Guattari.

En términos de medicalización de comportamientos descarriados, incluye muchísimo más que, digamos, las sanciones psiquiátricas adoptadas contra los disidentes soviéticos o la aplicación de una batería de técnicas de control mental, incluida la modificación del comportamiento, en las prisiones norteamericanas. Estas nuevas formas de castigo han pasado a formar parte del tratamiento; y viceversa: la medicina, la psicología, la educación y el trabajo social se van adueñando de más y más atribuciones de control y disciplina, mientras la maquinaria jurídica se torna a su vez más médica, psicológica, pedagógica. Pero estas nuevas disposiciones, que se apoyan mayormente en el miedo y cuyo funcionamiento cada vez necesita más perentoriamente la cooperación de los regidos, no representan garantía alguna de armonía civil. Antes al contrario: su rotundo fracaso significa que a esta sociedad de clases se les están acabando las tácticas y las excusas; y sus últimas y abusivas intrusiones han creado nuevas bolsas de resistencia.

Los orígenes del armazón hoy comúnmente conocido como «salud mental pública» pueden rastrearse legítimamente hasta la fundación en 1908 del Movimiento por la Higiene Mental. En el contexto de la degradación tayloriana del trabajo, que dio en llamarse gerencia científica, y la desafiante marea de militancia obrera, la nueva ofensiva psicológica se basó en la máxima de que «la inquietud individual responde en gran medida a una higiene mental deficiente». La psiquiatría pública representará una vertiente posterior y nacionalizada de esta psicología industrial, que se desarrollará para desviar las corrientes radicales de sus objetivos de transformación social y uncirlas otra vez bajo el yugo de la lógica dominante de la productividad. Ya en los años veinte, la clase obrera había devenido objeto de estudio para los profesionales de la ciencia social, como muestran muy a las claras los trabajos de Elton Mayo y otros, en tiempos en que el fomento del consumo como medio de vida empezó a pergeñarse como un mecanismo para sofocar la agitación colectiva e individual. Y para finales de los treinta, la psicología industrial, según explica Diana Ralph en su *Work and Madness* (1983), «ya había desarrollado muchas de las innovaciones cruciales que hoy caracterizan a la psicología pública»; a saber: *tests* psicológicos masivos, equipos de salud mental, auxiliares no profesionales de apoyo, terapia familiar extrahospitalaria en régimen ambulatorio y asesoría psiquiátrica a empresas.

El millón largo de hombres rechazados por las fuerzas armadas durante la Segunda Guerra Mundial por «incapacidad mental» y el aumento sostenido (observable desde mediados de los cincuenta) de las enfermedades relacionadas con el estrés habla elocuentemente de la inmensa capacidad de lisiar que posee la alienación industrial moderna. En 1963 la legislación federal respondió a los reclamos de financiación gubernamental creando los centros públicos de salud mental. Armado con drogas tranquilizantes de nuevo cuño para anestesiar a los pobres sin olvidar a los desempleados, el estado comenzó a multiplicar su presencia en áreas urbanas que hasta entonces habían quedado fuera del alcance del espíritu terapéutico. Poco tiene de raro que muchos militantes negros vieran en los nuevos servicios de salud mental poco menos que un sistema de pacificación y vigilancia especial para guetos, a cargo de una policía más refinada. Pero aquí como en todas partes la mejor manera de servir a los intereses del orden dominante, siempre tan angustiado por las masas, es asumir la poderosa imagen de lo que la ciencia nos ha enseñado a ver como normal, sano y productivo. Y el mejor amigo de la autoridad es una implacable autoinspección de acuerdo con los cánones dominantes de normalidad represiva vigentes en la sociedad psicologizada.

La familia nuclear también contribuyó a apuntalar psíquicamente lo que Norman O. Brown ha definido como «la pesadilla de un progreso tecnológico en expansión infinita». Aunque algunos prefieran verla como un bastión frente al mundo exterior, siempre ha servido como correa de transmisión de la ideología reinante; más concretamente, como el lugar donde se fabrica la psicología introspectiva de la mujer, se legitima su explotación socioeconómica y se protege la artificial carestía de la sexualidad.

Entretanto, la preocupación gubernamental por los muchachos delincuentes, ineducables e insocializables, que ha merecido el estudio de Donzelot entre otros, no es sino un reflejo más del eclipse de la familia por el estado. El avance del estado tras la imagen medicinal del bien es paralelo a su progresiva apropiación de las funciones que antes correspondían a la familia. Rothbaum y Weisz (*Child Psychopathology and the Quest for Control*, 1989), debaten sobre la velocísima ascensión del problema que tratan [psicopatología infantil y busca de control], mientras que una obra anterior, debida a Castel, Castel y Lovell (*The Psychiatric Society*, 1982), vislumbra el día cercano «en el que la niñez estará totalmente sometida a la reglamentación estricta de la medicina y la psicología». Algunas facetas de esta tendencia ya han dejado de pertenecer al terreno de la conjetura: James R. Schiffman, por ejemplo, escribe sobre un subproducto de la tan vapuleada institución familiar: «Alarmantes cifras de ingresos de adolescentes en hospitales psiquiátricos» (*Wall Street Journal*, 3 de febrero de 1989).

Dentro de la imperante religión psicológica, la terapia es un ritual clave y en vigoroso crecimiento. El número de miembros de la American Psychiatric Association saltó de 27.355 en 1983 a 36.223 a finales de los ochenta; y el de visitantes a psiquiatras u otros terapeutas cubiertos en mayor o menor grado por los seguros de atención médica alcanzó en 1989 la cifra récord de 22 millones. Considerando que la inmensa mayoría de quienes profesan alguna de las (se calcula) quinientas variedades de psicoterapia practicadas ni siquiera son psiquiatras ni están reconocidos por los antedichos planes de salud, hasta estas abultadas cifras se quedan muy cortas, dada la magnitud de la terapia sumergida.

Philip Rieff se refirió al psicoanálisis como «otro método más para aprender a sufrir la soledad producida por la cultura», una definición tan buena como cualquier otra para presentar la artificiosidad de las situaciones y relaciones que establece la terapia, que es en sí un asunto bastante raro, singularmente distanciado, circunscrito, asimétrico. Casi todo el tiempo una persona habla y la otra escucha. Casi siempre el cliente habla de sí mismo; casi nunca el terapeuta, que huye escrupulosamente de cualquier contacto social con sus clientes, no se les vaya a olvidar que no están hablando con un amigo, sino dentro de estrictos límites temporales y espaciales divorciados de la realidad cotidiana. Del mismo modo, la propia naturaleza contractual del nexo terapéutico garantiza que toda terapia reproducirá inevitablemente la sociedad alienada. Lidiar con la alienación mediante una relación pagada por horas es no querer ver que, en lo que se refiere a los rasgos que acabo de enumerar, este tipo de servicio se parece demasiado a la prostitución.

Gramsci definió al «intelectual» como el «funcionario encargado de otorgar consentimiento», formulación que también es congruente con la tarea del terapeuta. Inducir a otros a concentrar su «energía volitiva fuera del territorio social», como dijo Guattari, significa manipularlos para que acepten los corsés de la sociedad. Al negarse a recusar las categorías sociales en las que el cliente ha organizado sus experiencias, el terapeuta fortalece la presa que ejercen dichas categorías. Por regla general, intenta desviar al cliente de sus historias acerca del trabajo para llevarlo a terrenos más «reales»: su vida íntima y su infancia.

La salud psicológica en cuanto que función terapéutica es en gran medida un procedimiento educativo. El proyecto es el propio de un sistema compartido: el cliente es guiado hacia la aceptación de las asunciones y la metafísica básicas del terapeuta. Francois Roustang se preguntaba en su *Psychoanalysis Never Lets Go* (1983) por qué un método terapéutico cuyo «objetivo explícito es la liberación de fuerzas para encaminarlas "al disfrute y la eficacia" [Freud] acaba tan a menudo en la alienación, ya sea (...) porque el tratamiento se revele interminable o porque (...) [el cliente] acabe por adoptar el discurso y el pensamiento del psicoanalista, sus tesis así como sus prejuicios».

Desde la publicación en 1952 del breve pero famoso artículo de Hans Lysenko sobre «Los efectos de la psicoterapia», infinidad de estudios posteriores han corroborado su observación de que «las personas que han recibido psicoterapia intensiva y prolongada no están nada mejor que aquéllas que, habiéndoseles diagnosticado los mismos padecimientos, no han sido objeto de ningún tratamiento durante el mismo intervalo de tiempo». Por otro lado, es indudable que la terapia o la asesoría consigue que muchas personas sí se sientan mejor con independencia de los resultados concretos. Tal anomalía seguramente se explica por el hecho de que los consumidores de terapia consideran que han sido atendidos, reconfortados, escuchados, lo que no es cosa desdeñable en una sociedad cada vez más privada de calor humano. Tampoco hay que olvidar que la sociedad psicologizada condiciona a sus súbditos para que se culpen a sí mismos, de manera que los más vulnerables a la explotación tienden a ser los que creen estar más necesitados de terapia: o sea, los más solos, inseguros, nerviosos, deprimidos, etc. Es fácil remitirse al aforismo clásico: «*Natura sanat, medicus curat*» (es decir, los médicos/asesores/terapeutas se ocupan del tratamiento, pero la que cura es la naturaleza). Lo que no se ve por ninguna parte es qué tiene de natural este mundo hiperenajenado de dolor y aislamiento en el que vivimos. Y sin embargo no es posible eludir el imperativo de rehacer el mundo. Si la terapia es curar, reconstruir, ¿qué otra posibilidad puede caber si no la de transformar este mundo (lo que por cierto entrañaría necesariamente una «desterapeutización» de la sociedad)? Es obvio que la

Internacional Situacionista reivindicaba este espíritu al declarar en 1963 que «tarde o temprano la IS tendrá que autodefinirse como terapéutica».

Por desgracia, las grandes causas comunales abrazadas en años posteriores de esta década acabarían por adquirir un tinte específicamente terapéutico, en general coincidiendo con la degeneración o fragmentación del empuje originario de los sesenta en multitud de esfuerzos más pequeños e idiosincrásicos. La creencia de que «lo personal equivale a lo político» terminó por ceder el paso a lo meramente personal, a medida que la sensación de derrota y desilusión se apoderaba de lo que había sido un activismo dotado de la frescura de la ingenuidad.

Concebido a partir de un cuerpo de apostillas críticas al psicoanálisis freudiano, que había reorientado sus enfoques hacia estadios aún más tempranos del desarrollo durante la infancia y la lactancia, el Movimiento por el Potencial Humano nació a mediados de los sesenta y adquirió sus características definitorias hacia principios del decenio siguiente. Haciendo un hincapié post-freudiano en el yo consciente y su actualización, este movimiento desplegó un batiburrillo de terapias, incluidas variedades o amalgamas de seminarios de desarrollo íntimo, técnicas de autoconocimiento corporal y disciplinas orientales para el espíritu. Casi enterrado en un humus de soluciones parciales, subyace un potencial subversivo, esto es, la idea de que la vida «encierra infinitas posibilidades de disfrute», en expresión de Adelaide Bry. La exigencia de alivio instantáneo de la miseria psíquica subrayaba una creciente preocupación por la dignidad y el cumplimiento o realización del individuo. Daniel Yankelovich (*New Rules*, 1981) supo ver la inmensa importancia cultural de este anhelo al concluir que hacia finales de los setenta, aproximadamente el 80 por ciento de los norteamericanos se habían interesado por esta busca de transformación tan terapéutica.

Es palmario que los enfoques privatizados propios del Movimiento por el Potencial Humano (que hasta la fecha marcan el nivel más alto alcanzado por las aguas de la riada psicológica contemporánea) no podían cumplir nunca sus promesas de proporcionar vías de escape no ilusorias y sí duraderas. Así, Arthur Janov reconocía que «todo el mundo sufre mucho en esta sociedad», pero ni por asomo parece darse por enterado de la existencia de una sociedad represiva que genera todo este sufrimiento. Su técnica del *Primal Scream* o alarido primigenio merece el premio a la panacea más hilarante de todo el decenio de los setenta. En cuanto a la promesa de autopotenciación que nos hace la cienciología, consiste principalmente en unas técnicas de retroalimentación bioelectrónica pensadas para orientar a las masas hacia una organización social de corte autoritario que entiende el mundo como una empresa. Y la popularidad de cultos como el de la secta Moon le recuerda a uno esos procesos para no iniciados que no tienen nada de nuevo, sino que por el contrario han demostrado su eficacia a lo largo de los siglos: aislamiento, privaciones, anticipación y sugestión; tanto la búsqueda o visión chamanística como el lavado de cerebro se sirven de estos métodos.

Hablando de manipulación psicológica intensiva, el *est*[3] de Werner Erhard fue uno de los fenómenos más populares y en cierto modo más característicos de los del potencial humano. Su fundador amasó una pingüe fortuna ayudando a sus adeptos a «elegir ser lo que son». El *est*, que utilizaba el viejo truco de culpabilizar a la víctima, consiguió que muchos abrazaran casi religiosamente una de las mentiras básicas del sistema: sus cofrades se conforman a la obediencia porque «aceptan la responsabilidad» que les toca por haber creado el estado actual de cosas. También la meditación transcendental se lanzó al mercado vendiendo de hecho la incorporación pasiva a la sociedad que propiciaba para sus educandos; por ejemplo, su presunta utilidad para ajustarse a los varios «excesos y estreses» de la sociedad fue un producto que se vendió muy bien entre el mundo empresarial.

Atrapados como estaban en un mundo altamente racionalizado y tecnocrático, es natural que los buscadores de potencial

[3] El *est* o *Erhard Seminars Training* es una humillante terapia de grupo, fundada en 1971 por el vendedor de coches usados Werner Erhard, que dice perseguir una aceptación positiva de la vida tal cual es mediante la represión de toda queja. Los participantes en estos costosos seminarios de tres días y medio de duración son sometidos a un extenuante maltrato verbal y físico. Por ejemplo, se espera de ellos que sean capaces de contener indefinidamente sus necesidades fisiológicas. (Nota del t.)

humano anduvieran tras el desarrollo personal, la inmediatez emocional y sobre todo cierto sentimiento de control sobre sus vidas. Por eso aquellos manuales de autoayuda tan supervendidos en los setenta, como *Power*, *Your Erroneous Zones*, *How to Take Charge of Your Life*, *Self-Creation*, *Looking Out for #1* o *Pulling Your Own Strings* giran en torno a la noción de control. El problema es que, al predicar el evangelio de la realidad como vía de regeneración personal, se estrecha drásticamente el ámbito de lo controlable. De nuevo, la aceptación conformista de la realidad social dada significará que, por ejemplo, la «formación de la sensibilidad» redunde probablemente en insensibilidad hacia casi todo lo real; y en apertura hacia más de la misma alienación, más ignorancia, más sufrimiento.

Pero por lo menos el Movimiento por el Potencial Humano se las arregló para formular y divulgar la idea de que existía una solución al mal-estar, por mucho que no alcanzara a confirmar la veracidad de esta formulación. A medida que cada vez más aspectos de la vida cotidiana iban cayendo bajo el dominio y la supervisión de la medicina, la pasmosa multiplicación de nuevas terapias vino a socavar el anterior modelo «científico» de comportamiento, de raíces eminentemente freudianas. Con el desplazamiento de las expectativas terapéuticas, emergió una radical esperanza que iba más allá del mero pensamiento positivo o de la confesionalidad huera de contenidos y que tampoco era lo mismo que la aquiescencia.

Una forma actual de autoayuda que desde luego representa un avance con relación a la terapia tradicional, mercantilizada y patrimonializada por sus expertos, y también respecto de los todavía más comercializados entrenamientos al estilo de seminarios o foros, es el grupo de apoyo, que goza de enorme popularidad. Fuera de las normas del mercado y basados en una relación de igual a igual, los grupos de apoyo contra varias formas de aflicción emocional se han cuadruplicado en los últimos diez años. Allí donde el dodecálogo que caracteriza a estos grupos del tipo Alcohólicos Anónimos, esto es, basados en la sumisión del individuo a una «instancia superior» (léase: a toda autoridad constituida), no sea de obligado cumplimiento —y la mayoría de ellos no obligan a cumplirlo— existirá una valiosa fuente de solidaridad y de resistencia a la pulsión despolitizadora provocada por la enfermedad o la angustia cuando se experimenta en soledad.

Si el Movimiento por el Potencial Humano creía factible la transformación de la vida mediante la creación de una nueva personalidad, el movimiento *new age* no se queda atrás sino todo lo contrario, como muestra su eslógan fundamental: «Crea tu propia realidad». Considerando el avance de la desolación que nos invade, eso de fabricarse una realidad alternativa parece hasta tentador; de hecho, no en otra cosa ha consistido siempre el consuelo que nos ofrece la religión. Y también la moda *new age*, en expansión geométrica desde mediados de los ochenta, es en esencia un escapismo religioso de la realidad para personas abrumadas por sentimientos de impotencia y desamparo, una huida más definitiva que la evasión psicológica al uso. Así como la religión se inventa un reino no alienado para resarcirnos del reino que existe, la filosofía *new age* anuncia la llegada de una nueva era de paz y armonía, o sea, una inversión de la inaceptable realidad presente. Cualquier cosa —el espiritismo, la curación mediante piedras preciosas, la reencarnación, la abducción por ovnis, etc.— cabe en este sucedáneo de religión acrítico, ecléctico y materialista. «Si te lo crees, es que es verdad».

Cabe cualquier cosa ...siempre que se conforme a lo ordenado por la autoridad: la ira es «insana»; y el «pensamiento negativo», un pecado que debe evitarse a toda costa. Se supone que el movimiento *new age* hunde sus «raíces» en el feminismo y la ecología, pero también el movimiento nazi (o partido nacional*socialista* de los *trabajadores* alemanes, ¿se acuerdan?) tenía «raíces» obreras y sindicalistas, lo que me trae a la mente la principal influencia del *new age*: Carl Jung. Seguramente los buscadores de bienaventuranza, esos que «nunca juzgan a la gente», ignoran o no dan importancia al hecho de que, en su intento de resucitar todas las fes y todos los mitos viejos, Jung tenía menos de psicólogo que de teólogo y de reaccionario. Más aún: en su calidad de Presidente de la Sociedad Psicoterapéutica Internacional (1933-1939), dirigió la nazificada sección alemana de este organismo y co-dirigió (con M.H. Göring, primo del Mariscal del *Reich* homónimo) la publicación *Zentralblatt für Psychotherapie*.

Por lo visto desde la publicación del trabajo de Otto Kernberg *Borderline Conditions and Pathological Narcissism* (1975) y también de *The Culture of Narcissism*, debido a Christopher Lasch (1978), sigue propagándose la idea de que los «trastornos narcisistas de la personalidad» son el epítome de lo que nos está ocurriendo a todos y representan «la configuración subyacente de nuestro carácter» en esta época. Narciso, la imagen del amor por uno mismo y de la insaciable exigencia de satisfacción, ha sustituido a Edipo, con sus componentes de culpa y represión, como mito de nuestro tiempo, sustitución que ha sido proclamada y adoptada más allá de la comunidad freudiana.

Y a propósito, merece la pena señalar que este cambio, que viene gestándose desde los sesenta, parece más relacionado con la búsqueda del desarrollo personal predicada por el Movimiento por el Potencial Humano que con el fenómeno *new age*, cuyos devotos no se toman tan en serio sus deseos. Los abracadabras más socorridos entre estos últimos («Eres infinitamente creativo» o «Tu potencial es ilimitado») huelen a un vago anhelo de realización, esterilizado contra el enojo, por parte de personas que dudan de su propia capacidad para cambiar y desarrollarse. Aunque el concepto de narcisismo resulte un tanto elusivo desde el punto de vista clínico y social, acostumbra a expresarse en un tono exigente y agresivo que intimida a los distintos partidarios de la autoridad tradicional. Me apresuro a añadir que la preocupación del Movimiento por el Potencial Humano por «averiguar qué es lo que sentimos» ni se acerca siquiera a la vehemencia autoafirmativa propia del narcisista, cuyos sentimientos —el de ira, fundamentalmente— son tan potentes y patentes que no hay ninguna necesidad de averiguarlos.

La recién citada *The Culture of Narcissism* sigue siendo una obra extremadamente influyente en cuanto que análisis social de la transición de Edipo a Narciso; y quienes lamentan el abandono de la abnegación sacrificada y del respeto por la autoridad no son por cierto los que menos han contribuido a dotar de credibilidad y poner en circulación a Lasch, este «neoizquierdista» que más bien se ha revelado como otro estricto discípulo de Freud (en verdad, uno de los más abiertamente conservadores), de ésos que contemplan con nostalgia los días de vigencia de la conciencia autoritaria basada en una firme disciplina paternal y social. No hay vestigio alguno de libre albedrío en la obra de Lasch, que abraza el orden represivo existente como la única moral disponible. En la misma vena de agria repulsa hacia la personalidad narcisista, «gobernada por los impulsos», cabe citar la obra de Neil Postman *Amusing Ourselves to Death* (1985). Postman moraliza sobre la decadencia del discurso político, que ha perdido su «seriedad» para instalarse en el «encogimiento y el absurdo», situación que vendría dada por supeditar el «serio compromiso con la vida pública» a la «diversión y el placer». También podemos mencionar a Sennett y Bookchin como sendos ejemplos de antaño-radicales a quienes la retirada narcisista del actual marco político les parece cualquier cosa menos positiva o subversiva. Pero hasta un freudiano ortodoxo como Russell Jacoby (*Telos*, verano de 1980) reconocía que en la renuncia narcisista al sacrificio «anida una protesta en nombre de la sanidad y la felicidad individuales». Gilles Lipovetsky opina que el narcisismo nació en Francia coincidiendo con los levantamientos de mayo de 1968.

El narcisismo es así algo más que la centralización del deseo en el yo o que la necesidad no menos ubicua de alimentar la autoestima y una identidad propia. Cada vez hay más personas con «problemas de narcisismo», productos del desamor y de la alienación extrema imperante en la dividida sociedad moderna, de su empobrecimiento cultural y espiritual. El narcisista se caracteriza por profundos sentimientos de vacuidad, que acompañan a una cólera ilimitada y a flor de piel ante la sensación de dependencia que le produce vivir, en permanente sometimiento, una vida falaz y amilanada por esta realidad tan deficiente.

La teoría freudiana atribuye esta común actitud desafiante a un «aferramiento al erotismo anal» propio de personalidades inmaduras que se comportan como si los demás no existieran. Paralelamente, Lasch no oculta su temor al «resentimiento y la insubordinación» narcisistas, en una defensa análoga de la existencia opresiva. El furioso anhelo de autonomía y autovaloración trae a las mientes otro choque de valores que se refiere a la propia noción de valor. Vive en cada uno de nosotros un narcisista que quiere que lo amen por ser quien es, y no en virtud de sus capacidades ni de sus cualidades siquiera. Valor *per se*, intrínseco: peligrosa orientación antiinstrumental, anticapitalista. A un terapeuta freudiano como Arnold Rothstein, las expectativas del narcisista, «la creencia de que el mundo debe gratificarle simplemente porque él así lo desea», se le antojarán repugnantes. Y así, Rothstein receta interminables psicoanálisis eventualmente conducentes a la aceptación por el paciente de «la relativa pasividad, indefensión y vulnerabilidad inherente a la condición humana».

Otros han visto en el narcisismo el hambre de un mundo cualitativamente distinto. Norman O. Brown aludía a su proyecto de «unión amorosa con el mundo»; y la feminista Stephanie Engel ha argüido que «rememorar el gozo narcisista originario nos impulsa hacia un sueño de futuro». Marcuse consideraba el narcisismo como un elemento esencial del pensamiento utópico, una estructura mítica que celebra la plenitud a la vez que suspira por ella.

La sociedad psicologizada ofrece, no faltaba más, artículos de consumo, desde libros y terapias hasta automóviles y prendas de vestir, para los más diversos estilos de vida, en un vano esfuerzo por mitigar un apetito de autenticidad que no se deja engañar tan fácilmente. Debord acierta al dictaminar que cuantas más veces capitulemos identificando nuestro propio ser con las imágenes dominantes de lo que creemos necesitar, menos entenderemos nuestros deseos y existencia reales. Las imágenes que nos ofrece la sociedad no nos son nada hospitalarias: en lugar de hacernos sentir en casa, nos producen un voraz y furioso sentimiento de pérdida y de negación, que apunta al «narcisismo» como una configuración subversiva de nuestra desventura.

Hace dos siglos, Schiller habló de una «herida» que la civilización había infligido a la sociedad moderna: la división del trabajo. Y al anunciar la época del «hombre psicológico», Philip Rieff discernía una cultura «en la que la tecnología está invadiendo y conquistando a su último enemigo: la vida interior del hombre, su psique misma». Dentro de la cultura especializada característica de esta era burocrático-industrial, nuestra dependencia de expertos que interpreten y evalúen nuestra propia vida interior constituye de suyo el alcance más maligno e invasor de la división del trabajo. Nos han apartado de nuestras propias experiencias, procesándolas, estandarizándolas, etiquetándolas, sometiéndolas a un control jerárquico; y la tecnología se delata como la causante de nuestra infelicidad, la principal forma de dominación ideológica. Es más, la tecnología ha llegado a sustituir a la ideología. La fuerza que tanto nos deforma cada vez es más difícil de ocultar, a medida que se van moliendo nuestras ilusiones y nosotros nos vamos hundiendo en la miseria.

Los Lasch y compañía deplorarán e intentarán quitar importancia al carácter exigente de ese espíritu «psicológico» propio de nuestra época, pero ya son muchos los que han comprendido lo que está en juego. Y aunque el resultado de este litigio siga sin estar claro, es muy posible que la sociedad psicologizada fracase en su intento de desviar o diferir el conflicto formulando su pregunta favorita: «¿Puedo cambiar?» Porque la pregunta pertinente es si este mundo que nos impide cambiar a nosotros puede ser obligado a cambiar él. Hasta quedar irreconocible ◆

Tonalidad y totalidad

La determinación de los afectos siempre ha estado entre las preocupaciones de religiones y gobiernos. En cambio es relativamente reciente el desarrollo de la música (un arte en apariencia indiferente a la realidad externa) como instrumento de expresión ideológica con un poder desconocido hasta ahora. La música se utilizó en sus orígenes para marcar los ritmos del trabajo a través de la observancia de danzas rituales. También sabemos de su uso en la antigüedad china a la manera de una simbología fundamental para apuntalar la «armonía» de su sociedad jerárquica, del mismo modo en que para Platón y Aristóteles encarnaba ciertas funciones morales claves para el orden social. La creencia pitagórica de que «todo el cosmos es armonía y número» salta directamente del reconocimiento de los fenómenos sonoros naturales a un panidealismo filosófico cuyos ecos repetirá unos mil años después el enciclopedista del siglo VII Isidoro de Sevilla, quien afirmaba que «es cierta armonía de sonidos lo que mantiene la cohesión del universo, y aun el mismo Cielo gira al son de sus modulaciones». Como Sancho Panza dijo (otros mil años después) a la Duquesa, que estaba atemorizada de oír el sonido distante de una orquesta en el bosque[1]: «Señora, donde hay música, no puede haber cosa mala».

En verdad muy diversas propiedades se han atribuido a este elusivo elemento que conocemos como música. Stravinsky, sin ir más lejos, no bromeaba en absoluto al negarle su aspecto expresivo y emocional: «El fenómeno de la música nos ha sido dado con el solo propósito de establecer el orden de las cosas y en particular la relación entre el hombre y el tiempo». Parece en efecto evidente que la música aplaca la sensación opresiva que nos produce nuestra conciencia del fluir del tiempo ofreciéndonos, con sus pautas de tensiones y resoluciones, un contra-mundo temporal. Como ha señalado Lévi-Strauss, «debido a la organización interna de la producción musical, el acto de escucharla inmoviliza el transcurso del tiempo; lo agarra y lo envuelve a la manera en que se atrapa un lienzo que aletea al viento».

Pero por mucho que diga Stravinsky, hay claramente algo más en la música, en su atractivo irresistible, que hizo exclamar a Homero: «Escuchamos tan sólo, nada sabemos». Parte de su misteriosa resonancia, si quieren, reside en una universalidad simultánea con su inmediatez (y en ello reside también su ambigüedad, una característica cardinal de todo arte). No puede ser más inmediata, por ejemplo, esa fotografía tomada en 1934 y titulada «La habitación en la que nació Beethoven»: justo cuando Eisenstadt se disponía a captar la instantánea, una partida de

[1] Zerzan cita de memoria e incurre en un par de inexactitudes: no es la Duquesa la atemorizada en este pasaje, sino Sancho, que tampoco se asusta de ninguna orquesta, sino del fragor de una batalla:

«...formaban todos juntos un son tan confuso y tan horrendo, que fue menester que don Quijote se valiese de todo su corazón para sufrirle; pero el de Sancho vino a tierra, y dio con él desmayado en las faldas de la Duquesa, la cual le recibió en ellas, y a gran priesa mandó que le echasen agua en el rostro.

(...) Poco desviados de allí hicieron alto estos tres carros, y cesó el enfadoso ruido de sus ruedas; y luego se oyó otro, no ruido, sino un son de una suave y concertada música formado, con que Sancho se alegró y lo tuvo a buena señal; y así, dijo a la Duquesa, de quien un punto ni un paso se apartaba:

—Señora, donde hay música no puede haber cosa mala.

—Tampoco donde hay luces y claridad —respondió la Duquesa. (...)

—Luz da el fuego, y claridad las hogueras, como lo vemos en las que nos cercan, y bien podría ser que nos abrasasen; pero la música siempre es indicio de regocijos y de fiestas.»

Don Quijote, Segunda Parte, capítulo XXXIV. (Nota del t.)

nazis irrumpió en el lugar para colocar una corona conmemorativa —que se aprecia en primer plano— ante el busto de Beethoven que presidía la sala.

Así pues, este gran género de introspeción que es la música se ha visto apropiado por diversos propósitos y filosofías. Para un marxista como Bloch, constituye un reino en el cual el horizonte utópico ya «principia a nuestros pies». Nos deja oír lo que no tenemos, igual que reza la poética formulación marcusiana: la música como «recuerdo de lo que pudo ser». Y aunque el mero hecho de su representación ya implique cierto grado de compromiso con la sociedad, en la música queda siempre un momento de anhelo. Citemos nuevamente a Bloch: «Se echa algo en falta; y al menos el sonido enuncia a las claras esta carencia. Porque el sonido posee una sedienta oscuridad que lo hace flotar ingrávido, como la pintura, sin detenerse en ningún sitio». Así, Adorno insistía en que la veracidad de la música «está tanto más garantizada cuanto más se niegue a representar cualquier significado dentro de una sociedad organizada», pensamiento consonante con ese refugiarse en la estética que eligió como último reducto de la negación en un mundo cuadriculado.

Y sin embargo la música, como todo arte, debe su existencia a la división del trabajo en la sociedad. Por mucho que se la suela seguir viendo aisladamente, como creación personal dentro de una esfera autónoma, la música nunca deja de codificar unos significados y valores sociales. Esta verdad cohabita con el hecho de que —como suele recordarse— la música nunca alude a nada que no sea ella misma; y su significado básico siempre viene dado exclusivamente por sus propias relaciones internas. Volviendo a Adorno, merece la pena señalar que la teoría musical puede entenderse «en cierto modo por analogía con la teoría social ». Si es cierto que, tal como sostiene Aaron Copland, mantiene abiertas esas «puertas de lo irracional» que nos dejan atisbar «la rudeza y la angustia de la vida», entonces también habrá de reconocerse su componente ideológico, máxime cuando prometa trascender la realidad social y sus antagonismos.

En *Die rationalen und soziologischen Grundlagen der Musik*, Max Weber expresaba su recurrente inquietud por el desencanto del mundo, persiguiendo esta vez los elementos irracionales de la música (como, por ejemplo, el séptimo acorde), que, le parecía a él, habían escapado a la igualación racionalista que caracteriza al desarrollo de la sociedad burocrática moderna. Pero si bien la naturaleza no racionalizada es una amonestación a la equivalencia, un recordatorio/repositorio de la no identidad, la música, con sus reglas obsesivas, no puede ser tal recordatorio.

Investigaciones realizadas en la Universidad de Chicago demostraron la existencia de más de mil trescientos tonos discernibles por nuestro conocimiento melódico. Sin embargo, sólo una parva fracción de ellos está permitida. Ni siquiera los ochentayocho tonos del piano llegan realmente a tocarse, si se considera la repetición de la estructura en octavas —he aquí otra faceta de la ausencia de música libre o natural—.

Y no obstante todos comprendemos el aserto de Carroll C. Pratt: «La música suena como se sienten las emociones» ...lo cual (como, espero, se hará más evidente) acredita que en este mundo nuestro la falta de libertad de la música es fiel reflejo de la que padecen los sentimientos. Como dice Elías Canetti en su diario (1942), «la música es nuestro mejor solaz, aunque sólo sea porque no crea palabras nuevas». Sin embargo, la música como lenguaje universal se evidencia a sí misma sólo en la medida en que también sea evidente que las obras de, digamos, Beethoven, Brahms o Schönberg albergan vocaciones de desarrollo conceptual en forma musical.

Irreductible a palabras, intraducible pero a la vez inteligible, la música sigue rehusando otorgarnos pleno acceso a ella. En su introdución a *Lo crudo y lo cocido*, Lévi-Strauss llega a aislarla como «el misterio supremo de las ciencias humanas, contra el cual se estrellan todas las demás disciplinas, pues encierra la llave del progreso de éstas». El presente ensayo busca esta clave de forma considerablemente más simple; a saber, en esa perenne combinación de libertad expresiva y regulación social tan propia de la música. Más precisamente en este caso, mediante un tratamiento histórico de aquello que conforma nuestro sentido de la música: la tonalidad occidental. Una vez enmarcada en su contexto, su propia gramática estandarizada responde en gran medida a la pregunta de qué es lo que la música nos dice. Y el alcance de su autoridad puede entenderse como aplicable al temor expresado por Nietzsche: «Jamás nos desharemos de Dios mientras sigamos creyendo en la gramática».

Pero antes de contextualizar históricamente la tonalidad, no estarán de más unas pocas palabras con miras a definir esta sintaxis musical básica, una práctica cultural considerada como uno de los mayores logros intelectuales de la civilización occidental: en primer lugar, debe subrayarse que, contrariamente a lo afirmado por los principales teóricos de la armonía tonal, desde Rameau a Schenker, la tonalidad no se determinó a partir del orden físico de los sonidos. El ton o tono, que en la naturaleza casi nunca registra grados de elevación equivalentes, para la tonalidad queda despojado de cualquier cualidad natural, para ser manipulado con arreglo a reglas arbitrarias. Esa estandarización, ese estricto distanciamiento, es elemental para el progreso armónico, que tenderá hacia una expresión instrumental o mecánica cada vez más alejada de la voz humana. Como resultado de la selección obrada en el continuo sonoro en función de una escala impuesta arbitrariamente, se establecerán relaciones jerárquicas entre las notas.

Desde el Renacimiento (y hasta Schönberg), la música occidental se ha concebido sobre la base de la escala diatónica, cuyo elemento central es la tríada tónica o clave definida, que subordina el resto de las notas a ella. De hecho, la tonalidad se define como un sistema dominado por un tono —la tónica dominante— con autoridad sobre todos los demás; y la sistematización de esta nota-guía ha venido siendo una preocupación fundamental de nuestra música. Schenker escribió sobre el modo en que este tono dominante «desea imponerse sobre sus prójimos»: la sola elección terminológica ya permite reparar en la conexión que se establece entre la tonalidad y la sociedad de clases moderna. Este aventajado teórico de la autoridad tonal se refería a ella en 1906 como «una suerte de orden colectivo superior, comparable al de un estado, por cuanto se basa en sus propios contratos sociales a los que cada tono individual está obligado a atenerse».

Muchos aún mantienen que la aparición del centro tonal en una obra es una consecuencia necesaria e inevitable de la función armónica natural y, por lo tanto, no se puede suprimir. He aquí un inequívoco paralelismo ideológico, donde la hegemonía de ese marco de referencia en que se ha convertido la tonalidad se trata como meramente indiscutible, evidente *per se*. Aquella miasma especulativa que servía para que otros artificios sociales nos pareciesen naturales y objetivos demuestra asimismo su utilidad a la hora de ocultar los prejuicios que las clases dirigentes han conseguido incrustar en la esencia de la tonalidad (aunque, como sugiere Arnold Schönberg, ésta no deje de ser con todo un «dispositivo» unificador). Ciertamente, la música tonal tiene mucho de ilusión colectiva en la que se imagina una falsa comunidad y se retrata una imagen de la totalidad como si ésta se compusiera de voces autónomas, impresión que transciende a la música para ofrecer un reflejo legitimador de la división general del trabajo en una sociedad igualmente dividida.

Desde un punto de vista dinámico, la tonalidad se percibe como tensión y soltura, movimiento y reposo, gracias a la sensación de disonancia y consonancia que comunican los diferentes acordes. El alejamiento de la tónica dominante se percibe como una fuente de tensiones; y el regreso a ella, como una vuelta a casa, una resolución. Toda música tonal se desplaza hacia su resolución en la cadencia, donde el acorde tónico manda sobre todas las demás combinaciones armónicas, a las que atrae hacia sí, como encarnación que es de la autoridad, la estabilidad, el reposo. Y desde un punto de vista supramusical, esa actitud nostálgicamente doliente de vagar para regresar, que constituye la columna vertebral de la cultura burguesa, se expresa con sobrada elocuencia por ese vaivén que tan básicamente caracteriza a la tonalidad.

Esta periódica convergencia hacia un punto de reposo posibilitó la edificación de estructuras musicales de complejidad creciente, donde las expectativas de tonalidad tendían a alejarse de su satisfacción. No es ninguna sorpresa que, en una sociedad regida por relaciones de dominio, donde los dominadores cada vez están más hambrientos del beneplácito de los dominados —y por tanto exigen a sus vasallos un asentimiento más y más explícito a fin de lograr la tan ansiada armonía a través de distancias de alienación que, en lógica consecuencia, son también cada vez de mayor alcance—, la tonalidad desarrolle abandonos más distantes de la seguridad y el reposo que ofrece la tónica y, por consiguiente, demore más la gratificación. El avance a marchas forzadas del progreso se corresponde con una dirección-compulsión hacia la armonía por tónicas dominantes que se completa con la persistencia de patriarcado.

Tres siglos de tonalidad tienden asimismo a enterrar el recuerdo de la supresión por aquélla de otras posibilidades rítmicas anteriores, su estrechamiento de la enorme variedad interna de los ritmos para reducirlos a una alternancia esquemática entre «acentuados» y «no acentuados». Además, el auge de la tonalidad coincidió con el triunfo del pensamiento simétrico y la recapitulación de la estructura musical, la posibilidad de alcanzar cierta clausura por medio de cierta uniformidad. Al debatir sobre el recién simplificado e intelectualizado sistema de notación, Chennevière distinguía «un empobrecimiento radical de la música en Occidente», al referirse al equilibrio simétrico de cláusula contra cláusula y a la repetición enfática de los acordes.

A principios del siglo XIX, William Chappell publicó una colección de «aires nacionales ingleses» que consagraba la imposición de patrones armónicos academicistas sobre las melodías del folclor popular, la supresión de las melodías más antiguas y la «cuadratura de las tonadas irregulares». La predominancia, en suma, del binarismo básico de las claves mayor y menor; y así, Busoni concluirá que «los símbolos armónicos han vallado la expresividad de la música». El ascenso de la tonalidad se corresponderá con el de la jerarquía nacionalizada y centralizada que invade todos los aspectos de la vida económica, política y cultural. Las estructuras de expresividad prefabricada monopolizarán la subjetividad musical y los patrones del deseo. Según el pertinente juicio de Clifford Geertz, «al final bien pudiera ocurrir que una de nuestras características más significativas sea el hecho de que todos nacemos aprestados por la naturaleza para vivir un millar de vidas, pero morimos habiendo vivido una solamente».

Bien puede decirse que la tonalidad es a la música lo que (en medida muy menor) el realismo es a la literatura o la perspectiva a la pintura. Y esto auspiciará su ulterior trascendencia como diferencia de clase o discriminación social bajo el estandarte de una música «clavecéntrica» pretendidamente universal cuyo auge vendrá dado por el triunfo de una tonalidad capaz de propiciar el consumo masivo de música, y su apreciación. No existe idioma en este mundo que ni por asomo empiece a competir con el grado de accesibilidad que ofrece la tonalidad en tanto que medio de expresión humana.

Cualquier estudio histórico que haga caso omiso de la música se arriesga a obtener un entendimiento disminuido de la sociedad. Considérense, por ejemplo, los esfuerzos de Carlomagno en el siglo IX por implantar, por razones políticas, la uniformidad en la música litúrgica a lo largo y ancho de su Imperio. O contémplese el órgano de la Catedral de Winchester, cuyos cuatrocientos tubos representan la cima de la tecnología occidental de la época, el siglo X. En efecto, es como mínimo defendible que la música ofrece la mejor clave para comprender el espíritu cambiante de nuestra civilización. Si volvemos a centrarnos en la tonalidad (y ateniéndonos a la división convencional en eras), quizá quepa situar sus raíces más tempranas en la transición de la Edad Media al Renacimiento.

Si el eminente medievalista Bloch está en lo correcto al calificar la sociedad medieval como más desigualitaria que jerárquica, entonces está decididamente bien fundamentada la interpretación de John Shepherd: los lánguidos inicios del sistema tonal codifican una nueva ideología musical, jerarquizada, dejando a un lado una musicalidad de comunicación bidireccional, más mutua, que idealizaba la sociedad anterior en que se daba. La perspectiva medieval, basada en un carácter descentralizado y localizado, era relativamente tolerante a gran variedad de visiones del mundo y formas musicales, sin considerar a ninguna de ellas como una amenaza potencialmente destructiva de los fundamentos ideológicos del feudalismo. Sin embargo, la emersión del mundo moderno se caracterizará por una acentuación de la división del trabajo, unos niveles de abstracción más complejos y una acusada tendencia a la intolerancia y el totalitarismo. La generalización de la imprenta y del alfabetismo en letra impresa, en detrimento de la tradición oral y la comunicación cara a cara, explica parcialmente este cambio, pues el uso de tipografía movible servirá de modelo para la utilización protoindustrial de los individuos como piezas de una maquinaria regidas por interrelaciones mecánicas. Ciertamente, la invención de la imprenta hacia 1500 dio alas a la notación musical y posibilitó la aparición de una nueva figura, la del compositor, producto de una no menos nueva distinción entre quienes crean música, los compositores, y quienes la ejecutan, los músicos, que pasan a un segundo plano degradado. La cultura occidental produciría así la obra musical completamente anotada, lo cual sentará las bases para una teoría formal de la composición a expensas de la anterior predominancia de la improvisación a partir de ciertas pautas. De este modo, el alfabetismo en letra impresa y la subsiguiente uniformidad dinámica conduciría a una creciente explicitud armónica.

Algunos musicólogos han llegado a discernir un aguijoneo recurrente por refrenar la «independencia recalcitrante» que se observa en cada parte individual de la música polifónica, en aras de la armonía y el orden que se remontan a finales del siglo XIII. El *ars nova*, la principal forma musical del siglo XIV, ilustra algunas de las tendencias en boga durante este largo período transitorio de polifonía prearmónica. Poco antes —especialmente en Francia— el *ars nova* logró un asombroso grado de complejidad rítmica que la música europea no volvería a conocer hasta *La consagración de la primavera*, de Stravinsky, cinco siglos después. Pero esta misma complejidad, cada vez más basada en una concepción abstracta del tiempo, conducirá a un extraordinario refinamiento de la notación y en consecuencia se alejará tanto de una música basada en el uso de la voz humana, en el canto, como de la sutileza melódica y la flexibilidad rítmica. La formalización parece implicar reducción en todos los casos; y en correspondencia, mediado el siglo XV empezará a manifestarse con claridad la naciente busca de relaciones de dominio tonal.

La pérdida considerable del sentido rítmico espontáneo a partir del fin de la Edad Media es buena prueba del aumento de la domesticación, del mismo modo en que dos características definitorias de la música en el Renacimiento —la especialización de y dentro de la orquesta por un lado; y el advenimiento de una casta de especializadísimos virtuosos por el otro— demuestran una profundización generalizada en la división del trabajo. Análogamente, se imprimirá un nuevo énfasis al papel jugado por el espectador, de manera que el tramo final del XVI saludará la aparición de una música que por vez primera no perseguía más espectáculo que la contemplación del trabajo de unos profesionales; una música, esto es, que no estaba pensada para incitar al acompañamiento del público por medio de movimientos ni cánticos, sino sola y exclusivamente para ser consumida en actitud pasiva.

Aunque la música renacentista siguió siendo eminentemente vocal, éste es el período que marca la declaración de independencia de la música instrumental, la cual empezará a desarrollar una serie de formas autónomas conocidas colectivamente como «música absoluta». Entre los años 1400 y 1600 y bajo el indiscutido liderazgo de los Países Bajos, la cada vez más secularizada música europea adquirió un carácter matematizado perfectamente compatible con el influjo de los holandeses en el ascenso del incipiente capitalismo mercantil. El poder del sonido obraría una especie de intoxicación nacida de los masivos efectos corales que pueden lograrse cuando las diversas voces, antes independientes, de una composición convergen en un sólo corpus armónico.

Pero la armonía tonal presente en ciertos lugares aún no se había generalizado en todas partes. Las escalas modales, que habían bastado desde la Alta Edad Media hasta la segunda mitad del XVI, se expandieron de ocho a doce modos para empezar a descomponerse en dos modos menos fluidos: el binarismo de las escalas mayor y menor. «El desasosiego y desencanto de finales del Renacimiento», en palabras de Edward Lowinsky, inspiraron la coherencia y la unidad de la estructura dominada por una tonalidad en lo que se erigiría como una gran contribución a la hegemonía cultural de una sociedad clasista. Nuestro sentido moderno de la armonía, nuestra concepción de la tonalidad como suma de muchos tonos agrupados verticalmente es una idealización de la armonía social jerarquizada.

En *The European Crisis of the 1590s*, Peter Clark cita a un escritor español de 1592: «Inglaterra, sin Dios; Alemania, en cisma; Flandes, en rebelión; Francia, con todo ello junto[2]». De acuerdo con el dictamen emitido por Henry Kamen, a medida que el siglo

[2] Cita retraducida del inglés a partir de la traducción de Clark y a falta del texto original, que muy probablemente estaba en español. (Nota del t.)

se aproximaba a su fin, «se produce en Occidente una coincidencia de levantamientos populares en un número sin precedentes en la historia de Europa». La tonalidad aún no había cantado victoria, pero bien pronto inauguraría su reinado entre las ideas dominantes de la sociedad, asumiendo su función canalizadora —y por tanto pacificadora— del deseo.

Coincidiendo con la decadencia de la polifonía, el sistema de claves moderno comenzó a emerger de manera más inequívoca en los primeros años del XVII, bajo una nueva forma, la ópera, alumbrada por primera vez en Italia de la mano de Monteverdi. Esta presentación conscientemente retórica de las emociones constituirá la primera estructura musical seglar que se concebiría en Occidente a una escala suficientemente grandiosa para rivalizar con la religiosa. La ópera ejemplifica a la perfección un comportamiento observado por H.C. Colles que es igualmente cierto para el resto de las manifestaciones tonales: las tempranas fases de «una principiante búsqueda de tonalidad dejarán ya en las nuevas obras la impronta del orden y la estabilidad que marcarán la inauguración de una nueva era artística».

La creciente preocupación por la tonalidad central durante el siglo XVII beberá muy especialmente de fuentes cartesianas. El racionalismo mecánico y matematizado de Descartes, que presta atención específica a la estructura musical, promoverá el nuevo sistema tonal con el mismo empeño que había guiado su intencionada puesta de la filosofía científica al servicio de un gobierno centralizado. Para Adorno, la música polifónica contenía elementos autónomos no cosificados que seguramente la hacían más apta para expresar esa «otredad» que el diseño de la consciencia cartesiana se esforzaría por eliminar.

Como trasfondo de este desarrollo, se produciría una marcada renovación de la conflictividad social que caracterizó el final del siglo XVI y que desembocará durante todo el siguiente en lo que Hobsbawm considera la crisis por antonomasia. Parker y Smith (*The General Crisis of the Seventeenth Century*) interpretan que esta «explosión de inestabilidad política» en Europa «se dirige abrumadoramente contra el estado; en especial, durante el período 1625-1675». La centuria anterior había sido en muy gran medida la edad dorada del contrapunto, que con Palestrina y

Lassus alcanzaría su apogeo, su ideal de armonía social estática reflejada en la música. La estética barroca corresponde a las crisis que comienzan en el último decenio del XVI y se recrudecerán con el colapso económico general de 1620 no es sino un rechazo de la calma clásica y sus refinamientos polifónicos. La esencia del Barroco consiste en moverse con las turbulencias como para controlarlas; de ahí que combine el desasosiego con el formalismo. Éste será el período en el que alcance su mayoría de edad el *concerto*, que está más relacionado con la idea de consentimiento y consenso de lo que ya sugiere la etimología. Derivado del latín *concertare* o llegar a un acuerdo entre elementos disonantes, responderá cual ensamblaje perfectamente armonizado a la gran necesidad que tenía el sistema de lograr una estructura de autoridad capaz de contrarrestar el influjo de las luchas sociales.

La armonía es homofónica, no polifónica, pues polifonía y armonía son de por sí conceptos irreconciliables. En lugar de una forma de expresión que combina muchas voces para que cada una retenga su carácter propio, con la armonía realmente escuchamos un solo tono. En la conflictiva edad del Barroco, la homofonía ataja y suplanta a la polifonía con la evidente carga ideológica de sus armónicos o «sobretonos». Los sonidos independientes se fusionan para formar un bloque aunado cuya función será la de servir de fondo a la melodía y también la de registrar y fijar la tonada en movimiento asignándole su lugar en el sistema tonal. En esta época la armonía se establecerá por vez primera como consustancial a la música, llegando a alterar la naturaleza de la melodía durante el proceso. También el ritmo se vería afectado por la armonía; y de hecho, la división de la música por barras vendría dictada por ese nuevo y omnipresente ritmo armónico.

A juicio de Spengler, hacia 1670 la música se impuso sobre la pintura como principal manifestación artística en Europa. El inicio de esta prevalencia coincide exactamente con la definitiva realización de la tonalidad. A partir de entonces, la música se escribirá en el modismo de una tonalidad plenamente establecida que durante unos dos siglos y medio no recibirá ningún desafío digno de reseñarse. La externalización de intereses inmediatamente subjetivos de acuerdo con el código generalizador de la tonalidad corresponderá también desde este momento al concepto jurídico del «hombre razonable», según nos informa Dunwell, aunque uno está tentado de transcribirlo como «moderno, domesticado», más que «razonable».

Otras llamativas coincidencias temporales: *The Emergence of the Great Powers*, 1685-1715, de John Wolf, entre otros estudios históricos, establece un paralelismo entre el ascenso del poder del estado y el de la tonalidad central. Y como escribió Bukhofzer, «los respectivos descubrimientos de la tonalidad y de la gravitación se realizan en exactamente el mismo momento del período barroco». La significación que encierra la física newtoniana es que la ley de la gravitación universal ofrece un modelo de inmutabilidad y resistencia al cambio; sus movimientos universalmente prevalecientes y ordenados proporcionan una ejemplar cosmología unificada del orden político y económico, exactamente igual que ocurriría con la tonalidad. En el nuevo sistema armónico, el tono principal, el más fuerte y dominante, gravita de un extremo a otro para convertirse en el bajo o grave, el tono fundamental del acorde. Por increíble que esto suene, las leyes de la tonalidad pueden leerse de forma casi intercambiable con las de la gravitación.

Entre mediados y finales del XVII, Inglaterra ejemplificará tendencias sociales más generales en la música. Los críticos North y Mace escribieron acerca del declive del violero[3] amateur y de una tendencia compositiva en la que «la composición de partes[4] cedió el paso a los fuegos de artificio y el diseño de patrones», para citar a Peter Warlock. La música de cámara familiar declinará; y ascenderá el hábito de escuchar música pasivamente, en perjuicio de ese comunalismo de aldea fomentado por canciones y danzas compartidas. La victoria de la tonalidad jugará un papel muy importante en una restructuración social y simbólica de gran envergadura que desde luego no se limitó a Inglaterra.

3 La viola que tocaba este intérprete es naturalmente una viola antigua, de tamaño bastante más grande que la moderna y parecido al de nuestra vihuela, antepasada de la guitarra. (Nota del t.)

4 Partes: melodías para una voz o un instrumento en una partitura (Diccionario de Simon & Schuster, Macmillan). (Nota del t.)

El principal vehículo de la tonalidad, que nace en la era barroca, fue la sonata (que a diferencia de su antecesora la canzona, de un solo movimiento, está hecha para sonar, para tocarse, más que para cantarse[5]), que vendría a cubrir prácticamente cualquier composición instrumental con varios movimientos que proceda de acuerdo con un plan formal. Y formalmente la sonata representará una excrecencia orgánica de la tonalidad armónica, por cuanto su simetría está básicamente relacionada con la simétrica organización interna que caracteriza a la gramática de la tonalidad; su estructura fundamental exige que la música que aparece por primera vez como un alejamiento de la tónica hacia una clave nuevamente polarizada acabe reinterpretádose según el área tónica original, a fin de restaurar el equilibrio. Como nos recuerda Rosen, incluso los más provocadores finales o últimos movimientos de las óperas mozartinas presentan esa estructura tonal simétrica propia de la sonata. Hacia el final del Barroco, en los últimos años del XVIII, dicha simetría, rehusada primero y después finalmente concedida, se había convertido en una de las satisfacciones cardinales que deparaba la música.

La estructura de la sonata —con su conflicto entre dos temas o motivos, su nota clave, su elaboración y su repetitivo bis— presupone un dinamismo de corte capitalista; la fuga, totalmente adramática y orientada hacia el equilibrio, que había sido la cúspide de un contrapunto anterior, reflejará una sociedad más estática y jerarquizada. El estilo fugado culminará justo cuando la tonalidad alcance una completa predominancia y su movimiento se reduzca en gran medida a una sucesión de secuencias. Una sonata clásica, por otro lado, es auto-generadora; y su avan-

[5] Menos obvia de lo que parecería indicar la etimología es la opinión al respecto de los expertos en música: «[Durante el primer Barroco] se abraza la tonalidad en detrimento de la modalidad. Dentro del maremagnum musical que se esboza en los primeros años del siglo XVII la *canzona* da sonare retoma las características propias de una etapa que anunciaba significativos cambios en el mundo artístico en general y musical en particular.

El origen de la *canzona* como preludio de los cambios que se van a producir en la música «sin voces» hay que buscarlo en los años finales del Renacimiento. Todo parece indicar que *canzona* al igual que sonata eran expresiones que aun pareciendo distintas eran utilizadas para designar realidades idénticas. El término *sonare* en italiano era conocido en España a comienzos del siglo XVI como sonada para definir la música que está destinada a ser interpretada con instrumentos, éste es el caso de la *canzona*» (Juan Luis de la Montaña Conchina: revista Filomúsica, nº 11, diciembre de 2000). (Nota del t.)

ce es una revelación de su potencial interno, inicialmente desapercibido. A la manera de un cálculo, el avance de la fuga obedece su ley inicial, como es de encaje en la ilustración racionalista, mientras los temas de la sonata exhiben su carácter dinámico, anunciando un salto cualitativo en la dominación de la naturaleza inaugurada por el capitalismo industrial.

A primeros del XVII, el estudio de Rubens se convirtió en una fábrica cuya producción, más de mil doscientos cuadros, no tenía precedente en la historia del arte. Siglo y medio después, gracias a la forma preordenada de la sonata, Haydn y Mozart consiguieron producir ciento cincuenta sinfonías entre los dos. Quizá no resulte demasiado sugerente ni niegue el genio de ciertos creadores el identificar en este mecanismo una prefiguración cultural de la producción en extenso y en serie. Otra característica más de la sonata es que su música, en contraste con el complejo estilo fugado tardío, debía ser previsible para complacer, lo que le recuerda a uno la esencia de la tonalidad misma: «El ciclo de la sonata afirma el final feliz, se presta a la reconciliación, a la salvación, desde los tormentos, pugnas y dudas internas del primer movimiento y el segundo hasta su conclusión», dicho con palabras de Robert Solomon.

El principio que subyace a la sonata lleva asimismo implícita la idea de una actividad en incremento gradual, un dinamismo acumulativo que se estira para excluir toda especificidad y extender su dominio mediante la generalización. A este efecto encarna el máximo logro alcanzado por las formas generalizadoras en la evolución burguesa y expresa a la perfección la marcha hacia los valores «universales» y la hegemonía de la cultura y el capital europeos.

En el siglo XVIII empieza a conformarse la noción moderna de la autonomía de la música, con esa pretensión (que persiste aún hoy) de verdad transcendental que suele asociarse especialmente a Bach y Mozart. La orgullosa solemnidad de los oratorios handelianos habla del ascenso de la Inglaterra imperialista y del deseo de legitimarlo, pero Bach en particular articularía con más efectividad que nadie los valores sociales de la incipiente burguesía: racionalidad, objetividad y verdad universales.

Ya los precursores de Bach había evidenciado una estructuración propicia a la tonalidad, pero nadie hasta él llevó esta estructuración a un perfeccionamiento tan preciso combinando el elemento dramático y la orientación hacia un objetivo que caracteriza al Barroco tardío por un lado con aspectos del más sobrio ideal anterior del contrapunto por el otro. Merece la pena tomar nota de la supervivencia, que no reinado, de formas musicales más antiguas y estáticamente matematizadas durante el siglo XVIII, desarrollos secuenciales que merecerán juicios irrespetuosos como el de Constant Lambert referido a la «máquina de coser» de Bach o el de Wagner a propósito de un Mozart poseído por «una regularidad a veces casi trivial».

Pero aun cuando Bach prácticamente represente la apoteosis de una tonalidad basada en la armonía, no dejaron de expresarse ciertas dudas acerca de toda esta arremetida. Rousseau, por ejemplo, no vio en la armonía sino otro síntoma más de la decadencia de la cultura europea (de la muerte de la música, para ser exactos). Tan extremista opinión se basaba en el modo en que la armonía depreciaba la melodía, el modo en que delimitaba la percepción de los sonidos musicales a la estructuración interna de sus elementos; de ahí su truncamiento de la experiencia del oyente. También Goethe tenía sus recelos tocantes a la artificialidad y cosificación a que puede llevar la tonalidad, pero no los exponía tan a las claras como Rousseau.

Hacia 1800, la música instrumental tonal llega al pleno dominio de sus posibilidades, un estado que la pintura había alcanzado hacía casi tres siglos. El mayor cambio en la tonalidad de este siglo, influido en parte por la igualación de los temperamentos (esto es, la división de la octava en doce semitonos exactamente iguales), cimentó una polaridad aún más enfática entre tónica y dominante, además de extender la escala de modulación de la clave. Si a primeros de siglo, la correspondencia establecida por la clave era capaz de sostenerse sin volverse a tocar por períodos de ocho barras o quizá alguna más, a finales de siglo, Mozart, Haydn y Beethoven ya habían extendido la autoridad de las relaciones armónicas a cinco o incluso diez minutos.

No obstante, el ensanchamiento de la órbita tonal trajo como consecuencia un debilitamiento del arrastre gravitacional de la tónica. Ya con Beethoven, a principios de la era romántica, puede apreciarse cierta socavación de la tonalidad estructural. La novedad temática en Beethoven es un clímax de expresividad emocional, así como una mayor variedad de emociones susceptibles de expresarse, más una centralidad del *motif* de la lucha por la libertad individual, precisamente cuando la derrota del luddismo[6] inglés presagiaba la supresión de toda expresividad emocional y libertad individual en el conjunto de la sociedad. Muy al contrario de, por ejemplo, un Bach, Beethoven partió del hecho de la alienación y acabó por rehusar una reconciliación en su música de lo que no está reconciliado en la sociedad, lo que se puede apreciar con la máxima claridad en sus últimos cuartetos, que evocan la incompletitud y angustia del último Mozart.

Como arte romántico *par excellence*, la música vino a considerarse un medio extraordinariamente privilegiado. A partir del período beethoveniano, se conferirá al compositor el estatus de un filósofo, en agudo contraste con el papel de sirvientes cortesanos que habían desempeñado Haydn y Mozart. Para cruzar al terreno de lo social, quizás no exista mayor evidencia de la así llamada «fuerza redentora» de la música que aquella representación de la ópera de Auber *La muette de Portici*, que encendió la mecha de la revolución en Bruselas en 1830. Más avanzado el siglo, el juicio de Walter Pater en el sentido de que «todo arte aspira constantemente a un estado musical» no sólo señala a la música como culmen de las artes sino que además refleja el constreñimiento de ésta una vez alcanzada la cima de la tonalidad. Es asimismo en este último sentido —en el de la apreciación de la tonalidad— como Schopenhauer celebraba la música como un medio más poderoso que la palabra, como la expresión directa de nuestra consciencia más íntima; unos términos sin rival en la escritura filosófica.

---

[6] El luddismo es una forma de sindicalismo violento que aparece hacia 1812 en Nottingham y se extiende rápidamente a otras ciudades industriales del norte de Inglaterra. Sus militantes, artesanos textiles empobrecidos por la revolución industrial, reaccionaron contra la mecanización de su negocio destruyendo los telares mecánicos en las fábricas. En un intento de evitar represalias individuales y propagar la imagen de un ejército justiciero al servicio del pueblo, sus destrozos, esporádicos pero organizados, se reivindicaban bajo el legendario nombre de Ned Ludd, Capitán Ludd o incluso Rey Ludd. También en la agricultura española el temor a la mecanización generó enfrentamientos de este tipo. (Nota del t.)

Adorno se refirió al «rebosante anhelo del romanticismo» y Marothy analizó dos de sus temas más frecuentados: la soledad y la nostalgia, ese esfuerzo por capturar el sentido de algo que se ha perdido irremisiblemente. El drama que implica este imposible rescate no se encuentra solamente en la literatura sino también muy a menudo en la música; en el *Fidelio* de Beethoven, por ejemplo. Al hilo de la industrialización de Europa, Schubert llegó a preguntarse si existía alguna música que fuera alegre y gozosa; y obtuvo dos respuestas en el romántico tardío: la del elegíaco y resignado Brahms y la del pesimista Mahler.

La armonía fue el reino especial de este período; los agrupamientos orquestales favorecían un despliegue masificado y unificado de cada familia instrumental con el objetivo de dilatar e intensificar esa preocupación central por establecer unas relaciones tonales dotadas de significado, en detrimento de los otros aspectos de la música. Se inauguró una era de grandiosas fuerzas orquestales, diseñadas para explotar los poderes compulsivos del tono, que procedieron a coordinar la diversidad de funciones especializadas. Por este procedimiento, y ayudada por una concepción cada vez más sistemática de la estructura musical, la música romántica emulará el perfeccionismo del método industrial. A medida que progresaba el siglo XIX, cada vez más compositores intuían que el lenguaje musical empezaba a verse atrapado bajo los apremios sintácticos y formales de la tonalidad, un vocabulario armónico excesivamente estandarizado, destinado a vacías regularidades simétricas. Aplanada bajo el peso de sus propios vicios, la música parecía ir perdiendo su anterior poder expresivo.

Como el capital, entonces en la cima de su expansión inicial, la orquesta moderna perseguía la ilusión de un crecimiento indefinido. Sin embargo, la exageración y el gigantismo propios de la era romántica (valga como ejemplo la *Sinfonía de los mil*[7], de Mahler) sirvieron las más de las veces para crear una escala limitada de sonidos homogéneos, una uniformidad del timbre.

Aludir a estas expansiones trae a las mientes la tentativa wag-

[7] Pensada para una orquesta de mil músicos, aunque en la práctica actual se ejecuta con sólo 450 aproximadamente. (Nota del t.)

neriana de parir una ópera de repertorio más simple y económico... El resultado fue esa esplendorosa agonía de cinco horas que se llama *Tristán e Isolda.* Por no hablar de su saga *El anillo de los nibelungos,* basada en el mito del mismo nombre, un canto épico a la lujuria y a la muerte perpetuas compuesto con la intención de superar todo espectáculo concebible, la obra que con toda probabilidad llevó a Nietzsche a emitir el siguiente juicio: «Es altamente significativo que el auge de Wagner coincida con el del Imperio». Un retrato operístico de Guillermo I posando junto a un cisne y tocado con un yelmo a lo Lohengrin[8] insinúa la deuda debida al Káiser por haber exaltado y vuelto a consagrar el orden social durante el Segundo Reich. Si el Tristán preludiaba el desarrollo político de la Prusia de Bismarck, éste mismo hallaría una justificación autoritaria y mística en la religiosidad pseudoerótica del Parsifal.

Wagner pretendía una fusión de todas las artes en un forma superior de ópera que, según le parecía a él, desbancaba al dogmatismo de la religión. Esta empresa proyectaba la dominación completa del espectador mediante la pomposa grandiosidad de unas producciones musicales perfumadas hasta el bochorno, destinadas a bombardear los sentidos. Wagner incluso se jactaba de que estos logros suyos tan neopaganos y neonacionalistas «abolirían la Iglesia y el Estado», que habrían sobrevivido a su propia inutilidad. De modo que sus objetivos en materia artística superaban en grandiosidad a los del propio capitalismo industrial; hablaban el idioma del poder.

Pero importa más recordar que Wagner también representa la decadencia absoluta del sistema armónico clásico. Con toda su ampulosidad y vanagloria de una máxima autoridad, la suya es una música de dudas que permaneció fiel a un cimiento tonal cuando menos latente. Sin embargo, especialmente a partir del Tristán, la validez perdurable de la armonía tonal ya había sido confutada. Wagner la había estirado cuanto daba de sí, agotando sus últimos recursos.

---

[8] Lohengrin, según la correspondiente leyenda germánica, era hijo de Percival y caballero del Santo Grial. Wagner le dedicó una opera titulada con ese nombre y estrenada en 1850. (Nota del t.)

Mahler marcó parte de su *Canción de la tierra* para ser interpretada «sin ninguna expresión». Por lo visto, Wagner había reducido el romanticismo a poco más que ceniza, aunque al mismo tiempo empezaba a pronosticarse algo nuevo. La armonía continuó dando muestras de colapso interno y compositores como Debussy se tomaban libertades inusitadas con la antes indiscutida soberanía del sistema tonal mayor/menor. Paralelamente, mientras el capital seguía exigiendo del «tercer mundo» más recursos necesarios para su estabilidad, también la música culta se volvió imperialista en el sentido de las tan necesarias transfusiones de música folclórica (por ejemplo, Bartok).

En 1908 Arnold Schönberg logra la ruptura decisiva con la progresión de la armonía: su *Cuarteto para cuerda nº 2 en Fa menor sostenido* es la primera composición atonal. Propiamente, el movimiento en cuestión se inicia con el canto por la soprano de las siguientes palabras: «Ich fühle Luft von anderen Planeten», presiento el aire de otros planetas.

Adorno supo ver el radical aperturismo que traía la música atonal como «expresión de sufrimiento no mitigado ni sujeto a ninguna convención en absoluto»; y como tal, «a menudo hostil a la cultura» y «receptora de elementos de barbarie». El rechazo de la tonalidad abrirá en efecto la puerta a expresiones de la más intensa subjetividad, la soledad del individuo bajo la dominación tecnológica. No obstante, el sistema de equivalencias por las cuales se universaliza y cosifica la emotividad humana seguirá bien presente, si bien quedará al menos libre del control centralizado que fijaban las «leyes de la armonía». La «emancipación disonante» de Schönberg permitió presentar las pasiones humanas con una inmediatez sin precedentes gracias a armonías disonantes que tenían escasa o nula tendencia a resolverse. Esta evitación de sugestiones y resoluciones tonales deja al oyente con unos apoyos y seguridades limitadísimos y por eso mismo preciosos en todos los sentidos de este adjetivo. La emotividad de la obra atonal de Schönberg raya a menudo en la histeria debido a la ausencia de puntos de verdadero reposo. «Se aleja frenéticamente hacia lo inasequible», observó Leonard Meyer.

En este sentido, la atonalidad se reveló como la manifestación más extrema del vendaval antiautoritario que sacudió a la sociedad durante el lustro aproximado que precedió a la Gran Guerra. El abandono de la tonalidad por Schönberg coincidirá con el abandono de la perspectiva pictórica por Picasso y Kandinsky, que también data de 1908, pero «estos dos grandes gestos de negación» en la cultura, como se ha dado en llamarlos, tuvieron muy diferente fortuna y fue el compositor quien se vio impelido hacia el vacío público. En su resuelto reconocimiento de la alineación, su renuencia a presentar cualquier escena de realización humana que no perteneciera a lo feral[9], lo difícil, lo salvaje, la atonalidad de Schönberg tenía demasiado de amenaza y de reto para concitar mucha aceptación. El pintor expresionista August Macke escribió a su colega Franz Marc tras asistir a una velada de música de cámara de Schönberg, en 1911: «¿Puede usted imaginarse una música en la que la tonalidad se ha abandonado por completo? Constantemente me venían a la memoria las composiciones grandes de Kandinsky, que tampoco están en ninguna clave determinada... pero ¡esa música que deja que cada tono se mantenga de pie él solo!» Desgraciadamente, esos sentimientos admirativos por un enfoque tan radicalmente libertario no eran compartidos por muchos ni eran muchos los que estaban expuestos a él.

Como se deduce de esta carta de Macke, antes del estallido de la atonalidad, la música obtenía su significado mediante la definición de relaciones entre los acordes y un centro tonal. El *Tratado de armonía* de Schönberg resumía a la perfección los fundamentos del antiguo sistema: «Siempre se ha tratado de referir todos los resultados a un centro, a un punto de emanación [...]. La tonalidad no está al servicio de nada; muy al contrario, exige ser servida».

Por otra parte, algunos defensores de la tonalidad han adoptado un punto de vista francamente autoritario en lo social, pues intuían que lo que estaba en juego era algo más que meros cambios musicales. *La Musical Morphology* (1983) de Levarie y Levy, por ejemplo, partía de la tesis filosófica de que el «caos es el no

[9] Feral, es decir, feroz, salvaje, es uno de los términos clave del Diccionario nihilista de Zerzan, con otros como cultura, civilización o división del trabajo, a los que se contrapone. Aunque feral en español se define como «cruel, sangriento» (D.R.A.E.), para Zerzan designa un salvajismo y una fiereza nada peyorativas, sino todo lo contrario, como se deduce fácilmente de la lectura de estos ensayos. (Nota del t.)

ser» para formular el siguiente juicio político: «La revuelta contra la tonalidad [...] es una revolución igualitaria». Sus autores definían la atonalidad como un «fenómeno contemporáneo y general» haciendo notar su desagrado por el modo en que «ese obsesivo miedo a la tonalidad revela una profunda aversión por los conceptos de jerarquía y rango». Esta postura trae reminiscencias de la conclusión a que llegó Hindemith: es imposible negar la validez de las relaciones de tonalidad jerárquica; así pues, «la música atonal no existe». Es obvio que estos comentarios buscan defender algo más que la forma musical dominante: también preservarían la autoridad, la estandarización, la jerarquía y toda gramática cultural que perpetúe un mundo regido por tales valores.

Que se declarara la Primera Guerra Mundial no benefició al experimento atonal de Schönberg; tanto ésta como sus repercusiones supusieron una derrota para la disonancia social que él preconizaba. A principios de los años veinte, ya había abandonado el radicalismo antisistema que representaba su atonalidad. Y no sobrevivió ni una sola nota «libre». A falta de un centro tonal, insertó un conjunto de treintaydós tonos absolutamente sujetos a regulación, lo que, a juicio de Adorno, «prácticamente agota la cuestión». La dodecafonía —o serialismo, como también se la conoce— es un nuevo tipo de sumisión que sustituye a la tonalidad y corresponde a una nueva fase del industrialismo cada vez más sistematizado que salió de la Gran Guerra. Schönberg forjó nuevas leyes llamadas a controlar lo que se había liberado con la destrucción de las leyes de resolución viejas; y puede decirse que las nuevas normas que garantizan una circulación más completa entre los doce tonos hablan por la creciente necesidad que tenía el capital de mejorar su propia recirculación. La técnica serial es un tipo de integración absoluta en la cual el movimiento está estrictamente controlado, a una usanza cuyo cumplimiento se verifica de manera burocrática. La desventaja conceptual que este sistema presenta al orden dominante es que, si bien consigue una mayor circulación mediante sus nuevas demandas estandarizadas (ninguno de los tonos debe repetirse antes de que se hayan escuchado los otros once), este control tan concentrado no permite sino una producción muy limitada. La mejor muestra de este inconveniente se aprecia como en ninguna otra obra en gran parte de la de Webern, el más aventajado discípulo de Schönberg, la cual obra peca de extremadamente breve y eufemística. Hay veces en que las pausas igualan a las notas; y la segunda de sus tempranas *Tres piezas para cello y piano*, sólo dura trece segundos.

El viejo sistema armónico, con sus puntos de referencia en clave mayor/menor, ofrecía puntos de partida y destino fáciles de comprender. La dodecafonía otorga a cada nota un uso idéntico, lo que significa que cualquier acorde es factible: todo ello transmite una fragmentada sensación de desarraigo idónea a una era de dominación más difusa y menos tradicional.

Efectivamente, la Gran Guerra marcó el comienzo de una fragmentación de la música culta. Stravinsky lideró la tendencia neoclásica, que reafirmaba una centralidad tonal a despecho de los vientos de cambio prevalecientes. Pero las tribulaciones teóricas de la música, cuyas hondas y firmes raíces se remontaban al siglo XVIII, se les antojaban irresolubles a cada vez más compositores, especialmente después de la Segunda Guerra Mundial. Pierre Boulez, figura del serialismo, calificó de «mofa» el flagrante anacronismo en que incurrían los neoclásicos al rehusar toda evolución. Con todo, la música neoclásica parecía compartir al menos una característica con el nuevo movimiento dodecafónico: su índole tiesa y austera, en línea con la tendencia general hacia la contracción y el pesimismo. Benjamin Britten parecía preocupado por el problema del sufrimiento, mientras muchas de las obras de Aaron Copland evocan la soledad de las ciudades industriales, cuya energía precisamente delata la privación de auténtica vitalidad. Vaughan Williams, otro eminente tradicionalista, terminó su magistral *Sexta Sinfonía* con lo que no puede describirse sino como una afirmación de sumo nihilismo.

Hacia la década de los cincuenta, la dodecafonía empezó a considerarse en exceso determinista, su disciplina demasiado severa, hasta el punto de provocar el surgimiento de una música «ocasional» (también conocida como indeterminación o música aleatoria). Popularmente identificada, por contigüidad, con John Cage, la aleatoriedad parecía otra faceta de una oscilación más amplia que alejaba a la música del sujeto (la composición electrónica o generada por ordenador lleva esta tendencia aún más allá): se eliminará la voz humana; y en muchos casos, incluso el intérprete. Paradójicamente, los efectos estéticos producidos por métodos aleatorios son los mismos que los logrados mediante una música totalmente ordenada. El minimalismo de Reich y Glass, entre otros, más parece un neoconservadurismo masivamente mercantilizado en su agradable pero repetitiva pobreza de ideas. Iannis Xenakis, fiel imitador de la brutalidad de su maestro Le Corbusier, puede considerarse como el más cualificado representante de ese enfoque cibernético que adora al computador: perseguía una «aleación de música y tecnología» basada en sus investigaciones sobre «constantes lógico-matemáticas».

La música artística hoy se encuentra desconcertada por una influencia dispersa, por la ausencia de cualquier lenguaje unificador o tendente hacia una práctica común. Y sin embargo, su mayor acometida —si es apropiado usar esta palabra tan entusiasta en un contexto tan enervador, debilitante— consiste en una frígida ausencia de expresividad plenamente acomodada al enorme avance de la alienación y la reificación que ha arrastrado el último capitalismo a escala mundial. Al cabo, una sociedad dividida no tiene más remedio que arreglárselas con un arte dividido: el paisaje no está armonizado. Se trata de una era a la que quizás ya ni siquiera sea posible dar un cierre musical; decididamente se ha vuelto demasiado indómita y a la vez demasiado desolada para ser compuesta y llevada a ningún final tonal, cadencioso. Cuando el arte y la misma simbolización suenan a falso para muchos, la pregunta parece inevitable: ¿dónde residen las fuerzas capaces de mantener vivo el encanto de la música?

«Todo arte es perecedero; no sólo las obras de arte, sino el arte mismo», escribió Spengler. Como especulaba Hegel que ocurriría, el arte —empezando por la música— bien pudiera encontrarse cercano a su defunción. En su *Music after Modernism* (1979), Samuel Lipman diagnosticó la enfermedad terminal de la música, que «sobrevive de las rentas de aquella explosión de creatividad que tuvo lugar desde antes de Bach hasta la Primera Guerra Mundial». Naturalmente, el fracaso de la «creatividad» tonal forma parte de una entropía general en la que el capital —para decirlo con las involuntariamente certeras palabras de

Lipman— se vuelve tóxico e inequívocamente autodestructivo. Adorno advirtió que «cada vez son menos las obras del pasado que siguen conservando algo de bondad. Es como si la totalidad de la producción cultural sufriera una merma progresiva». Algunos preferirían limitarse a encerrar a toda costa en el correspondiente museo sus valiosas piezas de tonalidad y deplorar que éstas no vayan siendo renovadas. No otro es el significado que subyace a prácticamente todos los lamentos al uso con relación a este tema, como la obra de Constant Lambert *Music Ho! A Study of Music in Decline* (1934); o The Agony of Modern Music (1955), donde Henry Pleasants avisa: «La veta de la que durante trescientos años se extrajo una hermosísima producción musical que parecía inagotable ha acabado por consumirse». O Roland Stromberg, que en su *After Everything* (1975) reconoce: «Es difícil [...] evitar la sensación de que la música culta ha alcanzado el punto de decadencia absoluta». Y los no anticuarios coinciden en emitir idéntica sentencia de muerte: en 1983, el notable compositor dodecafónico Milton Babbitt pronunció una conferencia bajo el título «La improbable supervivencia de la música culta». Con anterioridad, el mismo Babbitt, a la vista de la impopularidad a la que se enfrentaba la música contemporánea, había abogado de forma más desafiante que realista por la «completa eliminación de la vertiente pública y social de la composición musical» al redactar un artículo titulado «Who Cares If You Listen?», o sea, me importa un bledo si me escucháis o no.

La falta de público para la música difícil es una evidencia digna de la mayor consideración. Si Bloch estaba en lo correcto al juzgar que «todo lo que oímos está dentro de nosotros», también podría ser correcto concluir que el oyente se rebela contra aquellos elementos musicales que entran en confrontación con la era en que vivimos. Adorno se refirió a la música de Schönberg como una reflexión a propósito de un mundo roto y vacío; y evocaba la réplica de Milan Rankovic: «Tales reflexiones no pueden amarse, pues reproducen la misma vaciedad en el espíritu del oyente». La siguiente pregunta, relativa a los límites del arte como tal, es si el extrañamiento de la música pudiera demostrar alguna vez su eficacia en la lucha contra el extrañamiento de la sociedad.

Obviamente, la música moderna, astillada y desgajada del viejo paradigma tonal, no ha borrado la popularidad de los maestros barrocos, clásicos y románticos; y en el ámbito de la instrucción musical, la tonalidad sigue prevaleciendo en todos los niveles: a los estudiantes de composición universitarios se les enseña que la dominante exige una resolución, que «debe resolverse» hacia la tónica, etc. Y el propio sentido de la musicalidad que demuestren los futuros compositores se pondera en función de su sometimiento a categorías y leyes armónicas que alguna vez fueron incuestionables. La tonalidad, como espero habrá quedado claro, es una ideología postulada en términos puramente musicales; y es una ideología que persevera.

Ciertamente, uno se pregunta por qué la música culta, que reverencia las tradiciones, se ha quebrado de esta forma, mientras toda la música pop (y casi todo el jazz, heredero, en cuanto a su sistema armónico, de la tonalidad europea clásica), que tan a menudo desprecia la tradición, aguanta el tipo bastante bien. En cualquier caso, no existe forma de música popular en el mundo industrializado capaz de subsistir fuera de esa provincia que conforma la consciencia tonal masiva. Como Richard Norton expresó tan bien: «Es la tonalidad de la iglesia, escuela, oficina, desfile, convención, cafetería, trabajo, aeropuerto, avión, automóvil, camión, tractor, salita, recibidor, bar, gimnasio, prostíbulo, banco, ascensor. Los seres humanos, temerosos de tenernos en pie sin su muleta, nos la atamos al cuerpo para que nos ayude a caminar, a correr, a trabajar, a relajarnos. Está en todas partes. Ella es la música y ella escribe las canciones».

Y también está tan absolutamente integrada en la producción comercial en serie como cualquier otro producto de la cadena de montaje. Pese a algunas variaciones superficiales, la música nunca altera su fórmula aparentemente eterna: la canción buena, la armónicamente comercializable, es la que contiene menos acordes diferentes que una balada del siglo XIV. Su potencial expresivo se limita exclusivamente a los reducidos confines de elección del consumidor, los cuales, nos dicen Horkheimer y Adorno, están asegurados para que «haya algo para todo el mundo, de tal manera que nadie pueda escaparse». En tanto que código unidimensional de sociedad de consumo, se trata de un curso de formación para la pasividad.

La música, reducida a un ruido de fondo que ha dejado de tomarse a sí mismo en serio, constituye sin embargo un elemento central de nuestro entorno, con una omnipresencia sin precedente. La inmersión en la tonalidad sirve a la vez de distracción para nosotros y de penetrante control para quienes nos la imponen: es preciso rellenar como sea el silencio que generan el aislamiento y el tedio. Su sonido nos conforta, pues niega que el mundo esté tan cosificado como de hecho lo está. En verdad, la función de la música últimamente parece haberse reducido a hacernos creer que —como dijo Beckett en *Endgame*— algo, lo que sea, ocurre; que algo, lo que sea, cambia. La música pop ofrece además el placer de la identificación, esa experiencia inmediata de identidad colectiva que sólo una cultura masificada —e inconsciente de cuán autoritaria es la ideología subyacente a la tonalidad— es capaz de ofrecer.

La música rock supuso una «revolución», comparada con la música pop anterior, exclusivamente en lo que toca a las letras y al *tempo* (también al volumen). Ni de lejos se puede apreciar en ella el menor asomo de revolución tonal. Los estudios al respecto han mostrado que todos los tipos de música (tonal) sirven por igual a su propósito de calmar a los indóciles; considérese, por ejemplo, la manera en que el punk ha estandarizado su insolencia musical primera hasta reducirla a un cliché. Porque la música abiertamente pacificadora, como la de las composiciones *new age*, no es la única que rechaza la negatividad como algo peligroso e intrínsecamente malo (igual que hacía el realismo socialista, por cierto), contribuyendo así a la opresión diaria, instigándola incluso. Del mismo modo, para que de verdad comience una nueva era, vamos a necesitar algo más que unos cuantos rockeros destrozando sus guitarras en el escenario —aunque estos actos también pudieran interpretarse como una manifestación de los límites de la tonalidad—.

Al igual que el lenguaje, la tonalidad viene caracterizándose históricamente por su acción liberticida. Puesto que es la sociedad la que nos hace tonales, sólo mediante la eliminación de estos usos sociales conseguiremos desalojar todas las gramáticas de la dominación ◆

El malestar en el tiempo

Últimamente, la dimensión temporal parece ejercer una atracción considerable, a juzgar por el número de películas recientes que versan sobre ella, como *Regreso al futuro, Terminator, Peggy Sue se casó*, etc. En 1989, la *Breve historia del tiempo*, de Stephen Hawking, se convirtió en un superventas y también (lo que resulta aún más sorprendente) en una película de éxito. Además de los libros que tratan sobre el tiempo, también son dignos de atención aquéllos que sin llegar a tanto, incluyen no obstante la palabra en el título, como *The Color of Time: Claude Monet*, de Virginia Spate (1992). Tales referencias tienen que ver, cierto es que indirectamente, con la súbita, aterrorizada conciencia del tiempo, la inquietante sensación de estar todos atados a quien se está revelando cada vez más claramente como una manifestación clave del extrañamiento y la humillación que caracterizan nuestra

[1] Publicado por *Anarchy: a journal of desire armed* en el invierno de 1994, John Zerzan alude con este título al conocido ensayo de Sigmund Freud *El malestar en la cultura*. (Nota del t.)

existencia moderna: ilumina todo su paisaje deformado y seguirá haciéndolo aún con mayor aspereza hasta que este paisaje y las fuerzas que lo moldean cambien más allá de lo reconocible.

La presente contribución a este tema poco tiene que ver con la fascinación que parece ejercer sobre los directores y productores de cine y televisión; o con el reciente interés académico que suscitan sus concepciones geológicas y la historia de la relojería. Ni siquiera se ocupa de la sociología del tiempo, de observaciones personales al respecto o de consejos sobre su uso. Ni los aspectos ni los excesos del tiempo merecen tanta atención como su propia lógica interna, el significado de esta dimensión en sí misma. Pues, aun cuando el carácter estupefactivo del tiempo se haya convertido, nos dice John Michon, «en casi una obsesión intelectual» (1988), la sociedad es sencillamente incapaz de lidiar con él.

El tiempo nos enfrenta a un enigma filosófico, un misterio psicológico, un puzzle de la lógica. Nada tiene de sorprendente, considerando la vastísima cosificación que entraña, que no hayan faltado quienes pusieran en duda su existencia desde que la humanidad comenzó a distinguir entre el tiempo *per se* y los cambios visibles y tangibles que se producen en el mundo. En palabras de Michael Ende (1984): «Existe en el mundo un secreto a la vez ordinario y extraordinario. Todos formamos parte de él y somos conscientes de él, pero son muy pocos los que piensan en él. La mayoría se limita a aceptarlo sin cuestionárselo jamás. Este secreto se llama tiempo».

¿A qué llamamos «tiempo»? Spengler declaró que la pregunta misma debería estar prohibida. Richard Feynman (1988) tampoco la contestaba: «Ni me lo pregunten siquiera: es algo en lo que me resulta demasiado difícil pensar». Tanto empírica como teóricamente, los laboratorios se muestran impotentes para revelarnos en qué consiste el fluir del tiempo: no existe instrumento capaz de registrar su paso. Y sin embargo, ¿por qué poseemos una sensación tan acusada de que efectivamente es algo que pasa, ineluctablemente y siempre en la misma dirección, cuando en realidad no es así? ¿Por qué ejerce esta «ilusión» tanto poder sobre nosotros? ...Lo que vale tanto como preguntarse por qué la alienación nos tiene tan bien sujetos. El paso del tiempo nos es íntimamente familiar; pero su concepto nos es burlonamente elusivo. Bien mirado, no debería parecernos tan contradictorio en un mundo cuya supervivencia depende de la mistificación de sus categorías más básicas.

Hemos tolerado la sustanciación del tiempo para que éste nos parezca un hecho natural, un poder que existe por derecho propio. El desarrollo del sentido del tiempo —esto es, la aceptación del tiempo— constituye un proceso de adaptación a un mundo cada vez más cosificado. Se trata de una dimensión construida que se erige en el aspecto más elemental de la cultura. La naturaleza inexorable del tiempo lo convierte en un insuperable sistema de dominación.

Cuanto más avanzamos en el tiempo, peor se pone *la cosa*. Según Adorno, vivimos en una era de desintegración de la experiencia. La presión del tiempo, como la de ese progenitor esencial suyo que es la división del trabajo, fragmenta y dispersa todo lo que le sale al encuentro. La uniformidad, la equivalencia, el apartamiento son subproductos de su áspera acción. La belleza y el significado intrínsecos de todo aquel fragmento del mundo que no es —todavía— cultura avanzan con paso firme hacia su aniquilación bajo un ancho reloj unicultural. Cuando Paul Ricoeur (1985) afirma que «somos incapaces de concebir una idea de tiempo que sea a la vez cosmológica, biológica, histórica e individual», pasa por alto cómo todos estos aspectos están convergiendo.

Respecto de esta «ficción» que sustenta y acompaña toda forma de aprisionamiento, dijo elocuentemente Bernard Aaronson (1972) que «el mundo está lleno de propaganda de su propia existencia». O, en no menos elocuentes palabras de la poetisa Denise Levertov (1974), «toda conciencia es conciencia del tiempo». Nada nos aliena más profundamente que el tiempo, que nos ha convertido en súbditos regidos por su imperio, mientras tanto el tiempo como la alienación siguen profundizando en su intrusión en nuestra vida diaria, para envilecerla. «¿Significa esto», se pregunta David Carr (1988), «que la principal lucha de nuestra existencia consiste en vencer al mismísimo tiempo?» Bien pudiera ser que éste sea el último enemigo al que debamos vencer.

Para aprehender a este ubicuo pero fantasmal adversario nuestro, resulta algo más sencillo determinar lo que el tiempo no es. No es sinónimo, por razones bastante obvias, de cambio. Tampoco es secuencia ni orden de sucesión. El perro de Pavlov, por ejemplo, debió de aprender que el sonido de la campanilla iba *seguido de* alimento. ¿Cómo si no pudo condicionársele para salivar al oírlo? Y sin embargo los perros no poseen conciencia del tiempo; por tanto, no puede afirmarse que éste esté constituido por un antes y un después.

Algo relacionados con lo anterior están los inadecuados intentos de explicar nuestro nada ineludible sentido del tiempo. El neurólogo Gooddy (1988), bastante en la línea de Kant, lo describe como una de «nuestras premisas subconscientes acerca del mundo». Otros lo han descrito, de forma no más provechosa, como un producto de la imaginación. El filósofo J.J.C. Smart decidió (1980) que se trata de un sentimiento que «surge de la confusión metafísica». McTaggart (1908), F.H. Bradley (1930) y Dummett (1978) se encuentran entre los pensadores del siglo XX que han negado la existencia del tiempo debido a sus características contradictorias desde el punto de vista lógico, pero resulta meridianamente claro que la presencia de esta variable tiene causas mucho más profundas que la simple confusión mental.

No existe nada que se parezca, siquiera remotamente, al tiempo. Es tan natural y sin embargo tan universal como la alienación. Como señala Chacalos (1988), la noción de presente nos es tan abstrusa y tan huraña como el propio tiempo. ¿Qué es el presente? Sabemos que el presente siempre es ahora; que, en un sentido importante, estamos confinados en él y no podemos experimentar ninguna otra «parte» del tiempo. No obstante, nos referimos con gran soltura a otras partes de él, que llamamos «pasado» y «futuro». Pues bien, como observa Sklar, las cosas que existen en algún otro lugar del espacio siguen existiendo aunque no estén *aquí*; pero las cosas que no existan *ahora*, ésas no existen en absoluto.

El tiempo, necesariamente, fluye; sin su paso no existiría sensación de tiempo. Todo lo que fluye, sin embargo, sólo puede fluir con respecto al tiempo. Luego el tiempo fluye con respecto a sí mismo, lo cual carece de sentido: nada puede fluir con relación a ello mismo. No existe ningún vocabulario para una explicación abstracta del tiempo, aparte de los vocabularios que ya lo den por presupuesto. Lo necesario es cuestionarse todas estas premisas. Pero la metafísica, debido a la estrechez que la división del trabajo le ha impuesto desde su incepción, carece de la anchura necesaria para semejante tarea.

¿Qué hace al tiempo fluir, qué es lo que lo mueve hacia el futuro? Sea lo que fuere, debe de ser algo fuera de nuestro tiempo, más profundo, más poderoso. Debe depender, como opinaba Conly (1975), «de fuerzas elementales que se encuentran en funcionamiento constante».

William Spanos (1987) ha observado que ciertos términos latinos del sema cultura no sólo designan agricultura o domesticación, sino que son traducciones de palabras griegas referidas a la imagen espacial del tiempo. Básicamente somos «encuadernadores de tiempo», según el léxico de Alfred Korzybski (1948); es decir, la especie, debido a esta característica, crea una clase de vida simbólica, un mundo artificial. Y esta encuadernación del tiempo se demuestra con un «enorme aumento de nuestro control sobre la naturaleza». El tiempo se hace real porque tiene consecuencias, y esta eficacia nunca ha sido más dolorosamente evidente.

Se dice que nuestras vidas, en su bosquejo más desnudo, son un viaje a través del tiempo. Que también son un viaje a través de la alienación es el más público de los secretos. «*Dem glücklichem schlägt keine Stunde*[2]», sentencia un proverbio alemán. El paso del tiempo, que érase una vez carente de significado, se ha convertido en un ritmo o *tempo* ineludible que nos constriñe y nos coerce, como un espejo de la más pura y ciega autoridad. Guyau (1890) definió su fluir como «la distinción entre lo que uno necesita y lo que uno tiene», es decir, «el origen de todo remordimiento o pena». *Carpe diem*, aconseja la máxima, pero la civilización siempre acaba forzándonos a hipotecar el presente en aras del futuro.

El tiempo tiende continuamente hacia una regularidad y una universalidad cuyos rigores son cada vez más estrictos. En ausencia de tan exacta medida, el mundo tecnológico del capital

2 «Dichosos los que no saben de relojes». (Nota. del t.)

no podría calcular sus progresos, ni siquiera existiría. Como escribió Bertrand Russell (1929), «la importancia del tiempo está menos relacionada con la verdad que con nuestros deseos». Existe un anhelo que se ha vuelto tan palpable como el tiempo; y la negación de nuestros deseos no puede calibrarse de manera más definitiva que a través de esta vasta construcción abstracta.

Como la tecnología, el tiempo nunca es neutral; muy al contrario, «siempre está dotado de significación», según el certero juicio de Castoriadis (1991). De hecho, todo lo que eruditos como Ellul han dicho sobre la tecnología puede aplicarse, con más razón, también al tiempo. Ambos males son de carácter penetrante, omnipresente, básico; y tienden a darse tan por sentados como la propia alienación. Como la tecnología, el tiempo no sólo es un factor determinante sino también el elemento envolvente en el que se desenvuelve la sociedad dividida. En consecuencia, exige de sus súbditos que seamos concienzudos, «realistas», serios y ante todo devotos trabajadores, al igual que él es, ante todo, un ente autónomo que fluye eternamente sin depender de nadie.

Pero, como la división del trabajo, soporte y motor del tiempo y de la tecnología, también es, después de todo, un fenómeno socialmente aprendido. Somos los humanos (y con nosotros, el resto del mundo) quienes nos sincronizamos con él y con su encarnación técnica, no al revés. Un sentimiento enclavado en el centro mismo de esta magnitud —como ocurre también con la alienación *per se*— es el de estar reducidos a la condición de espectadores impotentes. De aquí se sigue que toda rebeldía tendrá que empezar por rebelarse contra el tiempo y su inexorabilidad; y que por tanto toda redención habrá de empezar, en un sentido absolutamente fundamental, por redimirnos del tiempo.

El tiempo en un mundo simbólico

El tiempo, dijo Epicuro, «es el accidente de accidentes»; pero si uno se fija más, su génesis no parece tan misteriosa. De hecho, a muchos se les ha ocurrido que nociones como pasado, presente y futuro pertenecen más a la lingüística que a la física. El teórico neofreudiano Lacan, por ejemplo, concluía que la experiencia temporal es en esencia un efecto del lenguaje. Así, una persona sin capacidad de lenguaje probablemente carecería de sensación del paso del tiempo. R.A. Wilson (1980), acercándose más todavía al fondo de la cuestión, sugiere que las lenguas nacen por la necesidad de expresar el tiempo simbólico. Gosseth (1972) observa que el desarrollo de los tiempos verbales en las lenguas indoeuropeas es paralelo al de la conciencia del tiempo universal o abstracto. Tiempo y lenguaje, concluye Derrida (1982), son entes coextensos: «No se puede estar en uno sin estar en el otro». Y aquél es una construcción simbólica, inmediatamente anterior —hablando en términos relativos— a todas las otras fabricaciones, que necesita del lenguaje a fin de verificarse.

Paul Valéry (1962) aludió a la caída de nuestra especie en el tiempo como el hito que marca nuestra enajenación de la naturaleza: «Por una suerte de abuso, el hombre crea el tiempo», escribiría. En la época atemporal anterior a dicha caída, esto es, durante la parte abrumadoramente mayor de la existencia de la humanidad, la vida, como suele recordarse, estaba dotada de ritmo, pero no de progresión. Se trataba de un estado en el que, nos dice Rousseau, el alma podía «reunirse en la completitud de su ser»; un estado en el que, gracias a la ausencia de estrecheces temporales, «el tiempo no significa nada para el alma». Antes del tiempo y la civilización, eran las propias actividades humanas (por lo general indolentes) las que servían como puntos de referencia; la naturaleza aportaba las señales necesarias, con absoluta independencia del «tiempo». La humanidad debe de haber sido consciente de tener recuerdos y propósitos mucho antes de que se trazaran cualesquiera distinciones explícitas entre pasado, presente y futuro (Fraser, 1988). Es más, tal como supuso el lingüista Whorf (1956), «las comunidades prelingüísticas [o sea, las llamadas primitivas], lejos de ser subracionales, bien pudieron haber estado dotadas de unas mentes capaces de funcionar en planos de racionalidad más elevados y complejos que los que maneja el hombre civilizado».

La tan oculta clave del mundo simbólico es el tiempo, que en verdad se encuentra en el origen de la actividad simbólica humana. Acarrea así la primera alienación, el desvío de nuestra riqueza y plenitud originales, *ab-orígenes*. «A partir de la simultaneidad de todas las experiencias humanas, el evento[3] del lenguaje constituye», como apunta Charles Simic (1971), «una inmersión en la linealidad del tiempo». Investigadores como Zohar (1982) consideran que el ser humano habría sacrificado facultades telepáticas y precognitivas, adivinatorias, en aras de su involución en la vida simbólica. Si esto parece un tanto traído por los pelos, recuérdese que un positivista tan sobrio como Freud (1932) consideraba que la telepatía fue muy probablemente «el medio original y arcaico a través del cual los individuos se entendían entre sí». Y si la percepción y la apercepción del tiempo están relacionadas con la esencia misma de la vida cultural (Gurevich 1976), entonces el advenimiento de dicha conciencia temporal y su concomitante, la cultura, significarán un empobrecimiento, incluso una desfiguración de la humanidad a manos del tiempo.

Las consecuencias de esta intrusión del tiempo a través del lenguaje indican que éste no es más inocente, neutral ni empírico que aquél. El tiempo no sólo se encuentra, como diría Kant, en la base de todas nuestras representaciones, sino también, por eso mismo, en la base de nuestra adaptación a un mundo simbólico, cualitativamente reducido. Nuestra experiencia en este mundo está sometida a una omnipresente presión para que seamos representaciones, para que nos degrademos casi inconscientemente a la condición de símbolos y medidas. «El tiempo», escribió el místico alemán Meister Eckhart, «es lo que impide que la luz nos alcance».

Y la conciencia del tiempo es lo que nos otorga la capacidad de utilizar los símbolos para relacionarnos con nuestro entorno. No hay tiempo aparte de este extrañamiento. Sólo mediante la progresiva simbolización llega el tiempo a naturalizarse, a darse por sentado, a suprimirse del ámbito de la producción cultural consciente. O dicho de otra forma: «El tiempo se convierte en un atributo humano en la medida en que se verifica desde un punto de vista narrativo» (Ricoeur 1984). Los acrecentamientos simbólicos dentro de este proceso van estrangulando, imperturbables, nuestro deseo instintivo; esta represión alimentará la sensación del

[3] *Evento* se usa aquí con el doble sentido de acontecimiento y contingencia. (Nota. del t.)

desdoblamiento del tiempo; la inmediatez cede el paso a las mediaciones —la primera de todas, el lenguaje—que posibilitan la existencia de la historia.

Así, uno empieza a ver más allá de banalidades como la siguiente: «El tiempo es una cualidad inaprensible del mundo dado» (Sebba 1991). Porque el número, el arte y la religión harán sus respectivas apariciones en este mundo «dado», como fenómenos incorpóreos de una vida cosificada. A su vez, conjetura Gurevitch (1964), estos ritos emergentes conducen a «la producción de nuevos contenidos simbólicos, fomentando así los saltos hacia adelante que da el tiempo». Los símbolos, incluido, como no podía ser de otra manera, el que nos ocupa, han llegado a poseer vida propia en esta progresión acumulativa, interactiva, como ilustra la obra de David Braine *The Reality of Time and the Existence of God* (1988), donde se afirma que la realidad del tiempo es precisamente el factor que demuestra la existencia de Dios: he aquí la perfecta lógica de la civilización.

Todo ritual es un intento de regresar, mediante el simbolismo, al estado en el que el tiempo no existía. Sin embargo, este acto de abstracción implica un paso en falso que sólo conduce a alejarnos aún más de dicho estado. La «atemporalidad» del número forma parte de esta trayectoria y contribuye en gran medida a la idea de tiempo como concepto fijado. Blumenberg (1983) parece acertar de lleno cuando deduce que el «tiempo no se mide como algo que siempre haya estado presente; por el contrario, se produce, por primera vez, cuando empieza a medirse». No podemos expresarlo sin cuantificarlo de alguna manera; por eso el número es esencial. Incluso después de ya aparecido el tiempo, sólo mediante el número podrá una existencia social paulatinamente más dividida marchar hacia su progresiva cosificación. La noción del paso del tiempo no es nada vívida, por ejemplo, entre los pueblos tribales, que no lo marcan con calendarios ni relojes.

Uno de los significados originales del griego κρονοζ, tiempo, es el de división. Y el número, al añadirse al tiempo, refuerza enormemente esta división o separación. En general, los no civilizados consideran que contar criaturas vivas «trae mala suerte», por lo que suelen resistirse a adoptar esta práctica (véase, por ejemplo, Dobrizhoffer 1822). Pero aunque la intuición del número estaba bien lejos de ser algo espontáneo e inevitable, «ya en las civilizaciones tempranas», nos informa Schimmel (1992), «uno tiene la sensación de que los números constituían una realidad algo así como dotada de una especie de campo magnético a su alrededor». No tiene nada de sorprendente que las culturas antiguas —como la egipcia, la babilonia o la maya—, en las que el sentido del tiempo emerge con más empuje, sean también las que asocian determinados números con deidades y figuras rituales. Y ciertamente, tanto los mayas como los babilonios tenían dioses del número (Barrow 1992).

Mucho más tarde, el reloj y su rostro numerado animarían a la sociedad a abstraer y cuantificar todavía más la experiencia temporal. Toda lectura de un reloj implica un acto de medición que nos arrastra dentro del «fluir del tiempo» y nos permite autoengañarnos, ausentes, en la creencia de que sabemos qué es el tiempo sólo porque sabemos de qué es tiempo *ahora*, porque sabemos qué hora es. Pero, como nos recuerda Shallis (1982), si decidiéramos prescindir de los relojes, el tiempo objetivo desaparecería con ellos. Y lo que es más importante, si decidiéramos prescindir de la especialización y la tecnología, la alienación en que vivimos se disiparía por sí sola.

La matematización de la naturaleza sentó las bases para el nacimiento del racionalismo y la ciencia modernos en occidente. Tanto el uno como la otra surgían de las exigencias de número y medida planteadas por enseñanzas similares que tenían por objeto al tiempo como un ente al servicio del capitalismo mercantil. La continuidad del número y del tiempo como un *locus* geométrico jugaría un papel fundamental en la revolución científica, que ejecutó la sentencia de Galileo: mídase todo aquello que sea mensurable y conviértase en mensurable todo aquello que no lo sea. El tiempo matemáticamente divisible es pues necesario para la conquista de la naturaleza y aun para los más básicos rudimentos de la tecnología moderna.

A partir de este *dictum*, el tiempo simbólico, numerado, se volverá aplastantemente real, una construcción abstracta «desarrimada de, e incluso contraria a, toda experiencia humana, tanto interna o externa» (Syzamosi 1986). Bajo esta presión, el dinero y el lenguaje, la mercancía y la información se vuelven cada vez más indistintas; y la división del trabajo, cada vez más exagerada.

Simbolizar equivale a expresar conciencia del tiempo, pues todo símbolo encarna la estructura temporal (Darby 1982). Meerloo lo expresa más gráficamente: «Comprender un símbolo y su desarrollo es atrapar la historia humana con la mano». Contrástese con la vida de los incivilizados, vivida en un presente espacioso imposible de reducir al momento aislado del presente matemático: a medida que la continuidad del ahora perdía terreno frente a una creciente dependencia de sistemas de símbolos significantes (las lenguas, el número, el arte, el ritual, el mito), desligados del ahora, comenzaría a desarrollarse un grado mayor de abstracción: la historia. El tiempo histórico en efecto no es más inherente a la realidad ni tiene menos de imposición sobre ella que otras manifestaciones temporales no tan perfeccionadas, más rudimentarias.

En un contexto gradualmente más sintético, la observación astronómica será investida de nuevos significados: lo que antes se justificaba en sí mismo empezará a servir de vehículo para programar los rituales y coordinar las actividades de una sociedad compleja. Con la ayuda de las estrellas, existirán el año y sus divisiones como instrumentos de autoridad organizadora (Leach 1954). La creación de un calendario es una tarea básica en la formación de una civilización: el calendario fue el primer artefacto simbólico que reguló el comportamiento social mediante el registro del tiempo. Pero ello no implica su control, sino lo contrario: nuestro encierro por él en un mundo de alienación bien real. Recordemos que la palabra proviene del latín *kalendæ* o primer día del mes, en el que debían saldarse las cuentas comerciales.

TIEMPO DE ORAR, TIEMPO DE TRABAJAR

«Ningún tiempo es enteramente presente», afirmaba el filósofo estoico Crisipo mientras el concepto del tiempo iba abriéndose camino empujado por la doctrina judeocristiana subyacente[4]:

---

4 Puesto que Crisipo vivió en el siglo III a. de C., Zerzan parece dar por bueno el nexo que la historiografía convencional establece entre el cristianismo y la filosofía estoica. (Nota del t.)

la existencia de un camino lineal e irreversible entre la creación y la salvación. Esta visión esencialmente histórica del tiempo está en el meollo mismo del pensamiento cristiano. La obra de San Agustín, que data del siglo V, contiene ya todas las nociones básicas de tiempo mensurable y unidireccional. Al propagarse la nueva religión, se hará necesaria una estricta regulación temporal, en un plano práctico, a fin de mantener la disciplina que exigía la vida monástica. Las campanas que llamaban a los monjes a la oración ocho veces al día eran audibles bastante más allá de los confines del claustro, con lo cual esta medición del tiempo acababa imponiéndose al conjunto de la sociedad. La población continuó exhibiendo «*une vaste indifférance au temps*», en palabras de Marc Bloch (1940), durante toda la época feudal, pero nada tiene de casual que los primeros relojes públicos aparezcan adornando las catedrales de la Cristiandad. En este sentido, también merece la pena señalar que la llamada a la oración a ciertas horas fijas se convertiría en la principal exteriorización de la fe islámica durante el medievo.

La invención del reloj mecánico es uno de los más importantes puntos de inflexión en la historia de la ciencia y la tecnología; y ciertamente, también del arte y la cultura (Synge 1959). Cada perfeccionamiento de la exactitud pondría a disposición de la autoridad nuevos y mejorados medios de opresión: un temprano devoto de los esmerados relojes mecánicos fue, por ejemplo, el duque Gian Galeazzo Visconti, descrito en 1381 como «un sosegado pero taimado gobernante, enamorado del orden y la precisión» (Fraser 1988). Como escribe Weizenbaum (1976), el reloj empezará a crear, «literalmente, una nueva realidad ...que era, y sigue siendo, una versión empeorada de la vieja».

Se había introducido un cambio cualitativo: el tiempo no cesaría de fluir, aun cuando no ocurriera nada. A partir de entonces, cualquier acontecimiento se rodearía de este envoltorio homogéneo, objetivamente medido, móvil, cuyo progreso unilineal instigará movimientos de resistencia. El más radical de ellos es el quiliasmo[5], que surge en distintas partes de Europa

[5] El quiliasmo o milenarismo es una herejía del cristianismo que se fundamenta en el capítulo 20 del Apocalipsis y cuya doctrina se resume en la siguiente profecía: mil años

entre los siglos XIV y XVII y generalmente se presenta en forma de levantamientos de un campesinado que aspiraba a re-crear el estado de igualdad primigenia que dictan las leyes de la naturaleza y se oponía explícitamente a la noción de tiempo histórico. Pese a que tales explosiones utópicas fueron sofocadas, los restos de los anteriores conceptos de tiempo persistirían localmente en muchas áreas como un estrato «inferior» de la conciencia popular.

El Renacimiento alcanzaría nuevas cotas de dominación mediante el tiempo, pues los relojes públicos empezaron a tañer sus campanas las veinticuatro horas del día; y además se les añadió otra aguja más para marcar el paso de los segundos. El gran descubrimiento de la época será una aguda sensación de la presencia omni-devoradora del tiempo; y nada lo retratará de forma más gráfica que el Tiempo con mayúscula, esa deidad híbrida del Kronos de los griegos y el Saturno de los romanos, ese lóbrego anciano, tan familiar, que representa el poder cronológico y va armado con la fatídica guadaña de la agricultura, la domesticación. El Dios Tiempo vino precedido de la danza de la muerte y otros artificios relacionados con el *momento mori*, pero la diferencia es que este dios renacentista pondrá el acento en el tiempo, no en la muerte.

En el XVII la población cobraría conciencia, por primera vez, de vivir en un siglo determinado. Toda persona debía conocer su ubicación en el tiempo. En *El nacimiento masculino del tiempo* (1603) y *El avance del conocimiento* (1605), Francis Bacon abrazaría esta dimensión en auge para revelar cómo un endiosado sentido del tiempo iba a ponerse al servicio del naciente espíritu científico. «Elegir el tiempo es ahorrar tiempo», escribió; y también: «La verdad es hija del tiempo[6]». Le seguiría Descartes, quien introdujo el concepto de tiempo ilimitado y se convertiría

antes del Juicio Final, Cristo volverá a la tierra, encadenará a Satán, resucitará sólo a los justos y edificará un nuevo reino sobre la tierra, donde los justos serán recompensados por su rectitud compartiendo el reinado de Cristo durante un milenio y disfrutando de todos los goces temporales. (Nota del t.)

[6] «Vengo en verdad trayendo a vosotros la Naturaleza con todos sus hijos, para sujetarla a vuestro servicio y hacerla vuestra esclava». Bacon: *El nacimiento masculino del tiempo o la gran instauración del dominio del hombre sobre el universo.* (Nota del t.)

en uno de los primeros en abogar por la idea de progreso en su sentido moderno, que está íntimamente relacionado con el de un tiempo lineal sin ataduras y encuentra una expresión característica en la famosa invitación cartesiana a que nos convirtamos en «dueños y señores de la naturaleza».

El universo mecánico de Newton, cima de la revolución científica del XVII, se basa en su concepción del «tiempo absoluto, verdadero y matemático, que de por sí y por su propia naturaleza fluye uniformemente sin relación con nada eterno». El tiempo se ha convertido en el gran regidor que no rinde cuentas ante nadie ni está sujeto a ninguna influencia; que es completamente independiente del entorno, modelo de autoridad impertérrita, garante perfecto de una alienación inconmovible. Y desde luego, a pesar de los cambios en la ciencia, la concepción del tiempo cotidiana y dominante hoy sigue ateniéndose a la física newtoniana clásica.

La aparición y la apariencia de un tiempo independiente y abstracto encontraría su paralelo en el surgimiento de una clase obrera numéricamente en alza y formalmente libre, pero obligada a vender en el mercado su fuerza de trabajo o mano de obra como un artículo también abstracto. Esta mano de obra, anterior a la instauración del *factory system* pero ya sujeta a la potestad disciplinaria del tiempo, era la antítesis del monarca Tiempo, pues de libre y de independiente no tenía más que el nombre. A juicio de Foucault (1973), Occidente ya se había vuelto una «sociedad carcelaria». Seguramente sea más explícito el proverbio balcánico que reza: «Mi reloj es mi cerrojo».

En 1749 Rousseau simbolizaba su rechazo de la ciencia y la civilización modernas tirando su reloj de bolsillo. Pero los cincuentayuno que le regalaron a María Antonieta para celebrar su compromiso matrimonial encajan mejor en la tónica dominante de la época. La palabra no puede ser más apropiada, pues en efecto el tiempo se había convertido en algo que vigilar cada vez más estrechamente[7]. Los relojes no tardarían en convertirse en los primeros bienes de consumo duraderos de la era industrial.

---

[7] El sustantivo inglés *watch* (reloj de bolsillo o de pulsera) también denota observación, cuidado, vigilancia o vigilia. (Nota del t.)

William Blake y Goethe coincidirían en sus ataques contra Newton, el abanderado de los nuevos conceptos de tiempo y ciencia, porque éste alejaba la vida de lo sensual y reducía lo natural a lo mensurable. El ideólogo capitalista Adam Smith, por el contrario, se hizo eco del pensamiento newtoniano e incluso lo amplió al exigir más racionalización y más reducción de la vida a rutina. Smith, como Newton, trabajaba bajo el hechizo de un tiempo cuyos avances hacia una exhaustiva división del trabajo se volvían cada vez más poderosos e implacables, como condición y a la vez resultado de un progreso tenido por objetivo y absoluto.

Los puritanos habían proclamado que perder el tiempo era el primero y en principio el más mortal de los pecados. Un siglo después Ben Franklin lo diría con otras palabras: «El tiempo es oro». Los relojeros habían sido los padres del *factory system* y el reloj era símbolo y manantial del orden por la misma razón por la cual la disciplina y la represión exigían el nacimiento de un proletariado industrial.

El *gran sistema* hegeliano de principios del XIX pregonaba la «irrupción en el tiempo», o sea, nuestra incorporación a empellones en la inercia de la historia. El tiempo es nuestro «destino y necesidad», declararía Hegel. Postone (1993) observa cuán apretadamente se atarán entre sí «el progreso» del tiempo abstracto y «el progreso» del capitalismo como estilo de vida. Así, las sucesivas oleadas de industrialismo ahogarán la resistencia opuesta por los ludditas. Al hacer balance de este período, Lyotard (1988) llega a la conclusión de que «el tiempo se había convertido en una enfermedad incurable».

La creciente complejidad de la sociedad de clases requiere una batería aún más elaborada de señalizaciones temporales. Como han indicado Thompson (1967) y Hohn (1984), la lucha *contra* el tiempo dará paso a la lucha *por* él; es decir, la radical resistencia a uncirse a su yugo se vería por lo general derrotada y por lo común sustituida por disputas sobre horarios laborales menos injustos y sobre una duración menos inhumana de la jornada de trabajo (y por cierto, al dirigirse a la Primera Internacional el 28 de julio de 1868, Karl Marx defendió que el tiempo de empezar a trabajar eran los nueve años de edad).

El reloj descenderá de las catedrales a las cortes de los monarcas y los tribunales de justicia; y de ahí a los bancos y las estaciones ferroviarias para acabar en la muñeca o el bolsillo de todo ciudadano respetable. Si quería colonizar la subjetividad en serio, el tiempo debía «democratizarse», pues como bien entendió, entre otros, Adorno, el sometimiento de la naturaleza externa sólo tiene éxito en la medida en que nuestra naturaleza interna también sea conquistada. Dicho de otra manera, la victoria del tiempo en su larga guerra contra la libertad de conciencia humana era una condición necesaria para que se liberasen energías que destinar a la producción industrial. El industrialismo traerá consigo una transformación aún más acusada del tiempo en una materia prima o un artículo de consumo, el tiempo como un depredador de voracidad jamás alcanzada hasta entonces, lo que Giddens (1981) identifica como «la clave de las más profundas alteraciones de nuestro día a día social provocadas por el incipiente capitalismo».

«El tiempo no pasa en vano», como se suele decir: en un mundo cada vez más dependiente del tiempo y en un tiempo cada vez más unificado, un único reloj gigante cuelga sobre el mundo, dominándolo. Todo lo gobierna y su corte no tiene tribunal de apelación. La regularización de una hora universal estándar marca una victoria para la sociedad de la eficacia mecanizada al consagrar un universalismo que deshace toda particularidad tan ciertamente como las computadoras están conduciendo a la homogeneización de pensamiento.

Paul Virilio (1986) ha llegado a profetizar que «la pérdida del espacio material conducirá al gobierno de nadie más que el tiempo». Un paso más en tan sugestiva deducción postula una inversión del nacimiento de la historia fuera del tiempo corriente. Es más, Virilio (1991) nos ve viviendo ya dentro de un sistema de temporalidad tecnológica donde la historia se ha eclipsado: «...lo principal es menos una cuestión de relaciones con la historia que una cuestión de relaciones con el tiempo».

Dejando de lado semejantes levitaciones teóricas, no escasean las pruebas ni los testimonios del papel central del tiempo en nuestra sociedad. En «*Time — The Next Source of Competitive Advantage*» (julio-agosto de 1988, Harvard Business Review),

George Stark Jr. lo analiza como un eje sobre el que descansa el capital: «En tanto que arma estratégica, el tiempo equivale a dinero, productividad, calidad, incluso innovación». Desde luego las empresas no son las únicas en gestionar el tiempo: el estudio por Levine (1985) de la exactitud de los relojes públicos en seis países demostró que ésta era una medida exacta de la industrialización relativa de vida nacional.

El tiempo en la literatura

Es claro que el advenimiento de la escritura facilitó la fijación de los conceptos de tiempo y el principio de la historia. Pero como ha apuntado el antropólogo Jack Goody (1991), «las culturas orales no suelen estar nada faltas de preparación para aceptar estas innovaciones». Después de todo, ya han sido condicionadas por el propio idioma que hablan. Y McLuhan (1962) ya explicó cómo la llegada del libro impreso y la consiguiente alfabetización de las masas reforzó la lógica del tiempo lineal.

Fue la vida la que inexorablemente tuvo que adaptarse. «Pues que ahora me ha hecho el Tiempo su reloj numerador», escribe Shakespeare en su Ricardo II. «Tiempo», al igual que «rico», era uno de las palabras favoritas del Bardo inmortal, una figura rondada por el primero de estos conceptos. Cien años después, el Robinson Crusoe de Defoe reflejó cuán escasas eran las posibilidades de escapatoria: abandonado a su suerte en una isla desierta, Crusoe está hondamente preocupado por el tiempo; y al registrar celosamente, incluso en tan desesperadas circunstancias, sus asuntos personales, registraba ante todo el paso de éste, al menos mientras le duraran la tinta y la pluma.

Para Northrop Frye (1950), la «alianza entre el tiempo y el hombre occidental» es la característica definitoria del género novelístico. En la misma línea, *The Rise of the Novel*, de Ian Watt (1957), trata del nuevo interés por el tiempo que estimularía el florecimiento de la novela en el siglo XVIII. Jonathan Swift cuenta cómo el protagonista de los *Viajes de Gulliver* (1726) nunca hace nada sin consultar su reloj: «Lo llamaba su oráculo y decía que señalaba la hora de todas las acciones de su vida». Los liliputienses llegarían a la conclusión de que el reloj era su dios. Y en el *Tristram Shandy* de Sterne (1760), escrito en vísperas de la Revolución Industrial, el protagonista, quien comienza el relato narrando su propia concepción, cuenta cómo su madre interrumpió a su padre de él en el momento del coito que realizaban una vez al mes para recordarle que había olvidado dar cuerda al carillón[8].

En el siglo XIX, Poe satirizó esta autoridad de los relojes, asociándolos a la superficialidad burguesa y la obsesión por el orden. Hauser (1956) afirma que el verdadero tema de las novelas de Flaubert es el tiempo, del mismo modo en que lo que Walter Pater (1901) buscaba en la literatura no era sino «el momento plenamente concreto capaz de absorber el pasado y el futuro en una intensa consciencia del presente»; un poco como la celebración de «epifanías» joyceana. En *Mario el epicúreo* (1909), Pater describe el repentino momento en que Mario comprende «la posibilidad de un mundo real más allá del tiempo» mientras Swinburne pedía un respiro fuera de las «tierras heridas por el tiempo» y Baudelaire proclamaba su miedo y su odio por el tiempo cronológico, ese voraz antagonista.

La desorientación propia de una edad demolida por el tiempo y sujeta a la aceleración de la historia ha llevado a los escritores modernos a tratar esta cuestión desde puntos de vista nuevos y extremados. Proust delineó las relaciones mutuas entre sucesos que transcendían el orden temporal convencional, violando así las concepciones de causalidad newtoniana. Aunque suele traducirse al inglés como *Remembrance of Things Past* [remembranza o recuerdo de las cosas pasadas], el título de su obra en siete tomos *À la recherche du temps perdu* (1925) también puede traducirse más literal y precisamente como *Searching for Lost Time* [*En busca del tiempo perdido*]. En *À la recherche...* Proust juzga que «un minuto liberado del orden del tiempo ha recreado en nosotros (...) al individuo liberado del orden del tiempo»; que reconoce

[8] En descargo de Sterne, podría añadirse la respuesta del padre: «"Por Dios" —dijo mi padre profiriendo una exclamación, aunque cuidando al mismo tiempo de bajar la voz—. "¿Es que desde que existe el mundo puede haber mujer alguna que interrumpa a un hombre con tan estúpida pregunta?"»

Laurence Sterne: *Vida y opiniones del caballero Tristam Shandy*. Trad. de José Antonio López de Letona para Akal, 1985. (Nota del t.)

como «el único estado en el cual uno podría vivir y gozar de la esencia de las cosas, es decir, completamente fuera del tiempo».

El tiempo ha venido siendo una preocupación recurrente para la filosofía del siglo XX. Considérense los extraviados intentos por ubicar su auténtico ser a cargo de pensadores tan diferentes como Bergson y Heidegger (o su virtual deificación por parte de éste último). *Time and the Novel* (1952), de A.A. Mendilow, revela hasta qué punto el mismo intenso interés ha dominado las novelas del siglo; en particular, las de Joyce, Woolf, Conrad, James, Gide, Mann y, por supuesto, Proust. Otros estudios, como *Church's Time and Reality* (1962), expanden esta lista de novelistas hasta incluir, entre otros, a Kafka, Sartre, Faulkner y Vonnegut.

Y naturalmente es imposible confinar la literatura herida por el tiempo al género de la novela: la poesía. T.S. Eliot a menudo expresa un anhelo por huir de una convencionalidad ceñida y cabalgada por el tiempo. «Burnt Norton» (1941) es un buen ejemplo; v. gr., los siguientes versos:

Time past and time future
Allow but a little consciousness.
To be conscious is not to be in time[9].

Al principio de su carrera —más concretamente, en 1931— Samuel Beckett escribió epigramáticamente de «la venenosa ingeniosidad del Tiempo en la ciencia de la aflicción». Su *Esperando a Godot* (1955) es un evidente candidato a esta categoría, como lo es su *Murphy* (1957), donde el tiempo se vuelve reversible en la imaginación del personaje principal. Cuando las agujas del reloj pueden ir en cualquier dirección, nuestro sentido del tiempo —o sea, el tiempo mismo— se evapora.

Psicología del tiempo

Atendiendo a lo que comúnmente se conoce como psicología, es inevitable regresar a una de las preguntas fundamentales: el fenómeno del tiempo ¿existe realmente, independiente de cual-

---

[9] El tiempo pasado y el futuro / no permiten sino una poca consciencia. / Ser consciente es no ser en el tiempo. (Nota del t.)

quier subjetivismo o reside únicamente en nuestras percepciones de él? Husserl, por ejemplo, no acierta a explicar por qué la consciencia en el mundo moderno parece autoconstituirse inevitablemente en términos temporales. Pues sabemos que las experiencias, como cualquier otro tipo de acontecimiento, no son propiamente pasadas, presentes ni futuras.

Aunque hasta los años setenta el interés de la sociología por el tiempo fue más bien escaso, el número de los estudios psicológicos sobre él ha venido aumentando rápidamente desde 1930 (Lauer 1988). El psicológico quizá sea el punto de vista desde el cual resulte más dificultoso definir esta variable. ¿Qué es el tiempo y qué es la experiencia de él? O bien, ¿qué es la alienación y qué es la experiencia de ella? Si la segunda cuestión no estuviera tan relegada, sería obvia la relación entre ambas.

Davies (1977) definió el paso del tiempo como «un fenómeno psicológico de origen misterioso» para concluir (1983) que «sólo cuando comprendamos el secreto del tiempo habremos resuelto el secreto de la mente». Ahora bien, dada la separación artificial que establecen entre el individuo y la sociedad y que tanto limita su campo de trabajo, ¡cómo no van psicólogos y psicoanalistas como Eissler (1955), Loewald (1962), Namnum (1972) y Morris (1983) a tropezar con «grandes dificultades» al estudiar el tiempo!

Pero seamos justos: por lo menos algunas veces sí que consiguen aproximarse parcialmente al fondo de la cuestión. Hartcollis (1983), por ejemplo, se dio cuenta de que el tiempo no sólo es una abstracción, sino también un sentimiento, aunque ya en 1948 Korzybski había llevado bastante más lejos este mismo punto con su observación de que «lo que llamamos tiempo no es sino una sensación provocada por las condiciones que impone este mundo». Nos pasamos la vida «esperando a Godot», en opinión de Arlow (1986), quien creía que la experiencia temporal surge de necesidades emocionales no satisfechas. Análogamente, Reichenbach (1956) se había referido a las filosofías contratemporales como la religión en tanto que «documentos de insatisfacción emocional». Y, en términos freudianos, Bergler y Roheim (1946) ya advirtieron que el paso del tiempo simbolizaba periodos de separación originados en estadios tempranos de la infancia que se remontarían hasta la lactancia. «El calendario constituye la materialización definitiva de la angustia que nos provoca la separación». Si las ilaciones que fácilmente se pueden inferir a partir de estas ideas no desarrolladas vinieran acompañadas de un interés crucial y crítico por su contexto histórico-social, entonces se convertirían en contribuciones muy dignas de tenerse en cuenta. No obstante, cuando se constriñen al ámbito de la psicología, resultan extraviadas y aun engañosas.

En un mundo de alienación ningún adulto puede discurrir ni menos decretar esa liberación de las ataduras del tiempo que los niños disfrutan de manera habitual ...y a la que debe obligárseles a renunciar, pues el amaestramiento en el tiempo que constituye la esencia de la escolarización es de vital importancia para nuestra sociedad. Dicho amaestramiento, como expresa muy convincentemente Fraser (1984), «contiene en forma casi paradigmática las características del proceso civilizador». Una paciente de Joost Meerlo (1966) «lo expresaba sarcásticamente: el tiempo —decía— es civilización; lo cual significa que para ella la programación u organización meticulosa de los acontecimientos es la gran arma de que disponen los adultos para forzar a los más jóvenes a la sumisión y el servilismo». Los estudios de Piaget (1946, 1952) dan resultado negativo cuando pretenden detectar un sentido del tiempo innato al ser humano. Claro, la noción abstracta de «tiempo» encierra considerable dificultad para los más jóvenes; no se trata de algo que aprendan automáticamente ni hacia lo que se orienten espontáneamente (Hermelin y O'Connor 1971, Voyat 1977).

Existe una relación etimológica entre *time* [tiempo] y *tidy* [ordenado][10]; y nuestra idea newtoniana del tiempo representa una ordenación perfecta y universal. El peso acumulativo de esta presión cada vez más asfixiante se manifiesta en el creciente

---

[10] Originalmente, *tidy* en inglés significaba «oportuno, hecho a tiempo». Así define todavía este adjetivo, en segunda acepción, el Velázquez de 1863, es decir, el diccionario inglés-español de ese sabio que fue el filólogo don Mariano Velázquez de la Cadena. En realidad, esta relación etimológica es la misma a la que Zerzan ya se ha referido antes, cuando mencionaba que el concepto de tiempo está emparentado muy de cerca con el de división. La relación se remonta a la raíz indoeuropea **d* -, que significa división o corte (en latín da, por ejemplo, *dies*, día) y pasa al germánico prehistórico como **t* -, raíz de las palabras inglesas *time* (por adición del sufijo *-mon-), que originalmente significaba hora y hoy

número de pacientes que presentan síntomas de ansiedad por el paso del tiempo (Lawson 1990). Dooley (1941) consigna «el hecho de que las personas de carácter obsesivo, cualquiera que sea su tipo de neurosis, son aquéllas que hacen un uso más dilatado y extensivo del tiempo». Y en su *Anality and Time* (1969), Pettit presentaba argumentos harto persuasivos para establecer una íntima conexión entre ambos [la analidad y el tiempo], igual que Meerloo (1966) encontraría, citando el carácter y los objetivos alcanzados por Mussolini y Eichmann, «una conexión cierta entre la compulsión por el tiempo y la agresión fascista».

Capek (1961) llamaba al tiempo «inmensa y crónica alucinación de la mente humana»; y en verdad existen muy pocas experiencias que puedan calificarse como atemporales: el orgasmo, el LSD, la visión de nuestra vida entera en un momento de peligro extremo... He aquí algunas de esas raras y evanescentes situaciones suficientemente intensas para permitirnos escapar a la insistencia del tiempo.

La atemporalidad es el ideal del placer, escribió Marcuse (1955). El paso del tiempo, en cambio, da alas al olvido de lo que fue y lo que pudiera ser. Es el enemigo del eros y el fiel aliado del orden represivo. Y de hecho, los procesos mentales del inconsciente son, nos dice Freud (1920), atemporales: «Ni el tiempo los altera en modo alguno ni tampoco puede aplicárseles el propio concepto temporal». Así, el deseo se sitúa ya fuera del tiempo. Como también diría Freud en 1932: «Nada hay en el ello que corresponda a la noción de tiempo; no existe reconocimiento de su paso».

Marie Bonaparte (1939) argüía que el tiempo se torna cada vez más plástico y obediente al principio del placer en la misma medida en que nosotros mismos seamos capaces de aflojar los lazos necesarios para el pleno control del yo. Los sueños constituyen una forma de pensamiento para los pueblos no civilizados (Kracke 1987); y alguna vez esta facultad debió de ser mucho

---

significa además tiempo, y *tide*, que en inglés moderno quiere decir marea, pero que antiguamente significaba tiempo, como ocurre modernamente con el alemán *Zeit*, el neerlandés *tijd* y el *tid* del danés y el sueco, todos ellos derivados del germánico prehistórico **t -diz*, que significa corte de tiempo. En inglés moderno aún se usa el refrán *Time and tide wait for no man*, ni el tiempo ni la marea se detienen por nadie. (Nota del t.)

más accesible para nosotros. Los surrealistas estaban convencidos de que la realidad podía comprenderse mucho más plenamente si conseguíamos establecer conexión con nuestras experiencias instintivas, subconscientes. Así, Breton (1924) proclamó como objetivo radical la inseparabilidad entre el mundo onírico y la realidad consciente.

Cuando soñamos, nuestro sentido del tiempo es prácticamente inexistente, queda sustituido por una sensación de inmediatez. Nada tiene de sorprendente pues que los sueños, ignorantes de las reglas temporales, atraigan la atención de quienes buscan señales liberadoras; ni que las «tormentas impulsivas del subconsciente» (Stern 1977) atemoricen a aquéllos que han depositado intereses en la neurosis colectiva que llamamos civilización. Norman O. Brown (1959) concibió el sentido del tiempo —o, dicho de otro modo, la historia— como una función de la represión: si se aboliera ésta, razonaba, nos liberaríamos de aquél. En este sentido, el poeta Coleridge (1801) reconoció en el hombre de «metódica diligencia» el origen, el creador del tiempo.

En su *Crítica de la razón cínica* (1987), Peter Sloterdijk llamó al «reconocimiento radical del ello, sin reservas», una declaración de autoafirmación narcisista que se reiría a la cara malhumorada de nuestra bronca sociedad. Por supuesto, el narcisismo ha venido tradicionalmente desechándose como una manía inicua, perversa, «una herejía consistente en amarse a uno mismo». En realidad, esto significaba que se consideraba un privilegio reservado a la clase dirigente, mientras se esperaba que todas las demás (trabajadores, mujeres, esclavos) practicaran la sumisión e incluso se esforzaran por pasar desapercibidos (Fine 1986). Entre los síntomas de la personalidad narcisista se cuentan los sentimientos de vacuidad y la sensación de irrealidad, de alienación, de que la vida no es más que una sucesión de momentos, acompañada por un vehemente deseo de autoestima y autonomía efectivas (Alford 1988, Grunberger 1979). Como dichos «síntomas» y deseos no pueden venir más al caso, difícilmente podrá sorprendernos que el narcisismo pueda verse como una fuerza potencialmente emancipadora (Zweig 1980). Su exigencia de satisfacción completa es obviamente una forma de individualismo subversivo, como mínimo.

El narcisista «odia el tiempo, niega su existencia» (carta al autor, Alford 1993), lo cual, como de costumbre, provoca una severa reacción por parte de los defensores del tiempo y la autoridad. Oigamos, por ejemplo, al psiquiatra E. Mark Stern (1977): «Puesto que el comienzo del tiempo se sitúa fuera del control de cada cual, es preciso que cada cual corresponda a sus exigencias [...]. El valor es la antítesis del narcisismo». Pero si bien el narcisismo en efecto puede incluir aspectos negativos, contiene sin embargo el germen de una realidad basada en principios constitutivos diferentes; aspira a un no-tiempo de perfección dentro del cual ser y llegar a ser son la misma cosa; da, implícitamente, el alto al tiempo.

EL TIEMPO DESDE EL PUNTO DE VISTA CIENTÍFICO

«No soy científico, pero sé que todas las cosas empiezan y terminan en la eternidad». -*The Man Who Fell to Earth,* Walter Tevis.

A efectos de lo tratado en este ensayo, no puede decirse que la ciencia resulte muy aleccionadora para establecer la relación entre el tiempo y el extrañamiento —desde luego, no en la medida ni en la derechura en la que la aborda, digamos, la psicología—, pero sí que es posible reinterpretar las teorías científicas para esclarecer dicha relación, pues no son pocos los puntos de contacto entre la ciencia y las cuestiones humanas.

«El tiempo», concluye N.A. Kozyrev (1971), «es el fenómeno natural más importante y misterioso. Su entendimiento está fuera del alcance de nuestra imaginación». De hecho, algunos científicos (como Dingle 1966) han llegado a considerar que «todos los problemas reales asociados con la noción del tiempo son independientes de la física». Y en efecto, es muy posible que la ciencia —en concreto, la física— no tenga la última palabra en este asunto. No obstante, provee otra fuente de comentario, aunque de por sí alienada y generalmente indirecta.

¿Es el «tiempo físico» lo mismo que el tiempo de que somos conscientes? Y si no, ¿en qué consiste la diferencia? Para la física, parece ser una dimensión básica indefinida; pero de hecho, los físicos tienden a darla por sentada como dato de partida exactamente igual que hace el resto de la gente, lo que nos recuerda que, como ocurre con cualquier otro pensamiento, las ideas científicas carecen de sentido fuera de su contexto cultural. Se reducen a síntomas y símbolos de los modos de vida que sirvieron para alumbrarlas. Según Nietzsche, toda escritura es inherentemente metafórica, lo que también vale para la ciencia, aun cuando resulte extremadamente raro aplicarle semejante enfoque. La ciencia se ha desarrollado a base de trazar una separación cada vez más nítida entre mundos internos y externos, entre los sueños y la «realidad». Para lograrlo, procedió a la *matematización* de la naturaleza, lo que mayormente significaba que los procedimientos científicos debían ceñirse a un método que los aísla de su contexto más amplio, incluidos los orígenes y el significado de los proyectos mismos. Y no obstante, tal como afirmó H.P. Robinson (1964), «las cosmologías que la humanidad ha constituido en diversos momentos y lugares reflejan inevitablemente el entorno físico e intelectual, incluidos sobre todo los intereses y la cultura de cada sociedad».

Como ha señalado P.C.W. Davies (1981), el tiempo subjetivo «posee ciertas cualidades manifiestas, ausentes del mundo "exterior", que son fundamentales para nuestra concepción de la realidad». La principal de estas cualidades es su «paso». Nuestra sensación de estar separados del mundo se debe grandemente a esta discrepancia. Existimos en el tiempo (y en la alienación), pero éste no se halla en el mundo físico. La variable temporal, si bien resulta útil a la ciencia, no deja de ser una construcción teórica. «Las leyes de la ciencia», nos explica Stephen Hawking (1988), «no distinguen entre el pasado y el futuro». Unos treinta años antes, Einstein ya había ido más lejos cuando, en una de sus últimas cartas, escribía: «La gente como nosotros, los que creemos en la física, sabe que la distinción entra pasado, presente y futuro no es sino una ilusión persistente, testaruda». Pero la ciencia participa de la sociedad de otros modos relacionados con el tiempo; y lo hace muy profundamente. Cuanto más «racional» se vuelve esta variable, más variaciones suyas son suprimidas. La física teórica *geometriza* el tiempo concibiéndolo como una línea recta, por ejemplo. La ciencia no se echa a un lado de la historia cultural del tiempo.

Sin embargo, como puede inferirse de lo antedicho, la física no contiene la idea de un instante presente que pasa (Park 1972). Es más, sus leyes fundamentales —nos recuerda Hawking— no sólo son completamente reversibles respecto de «la flecha del tiempo», sino que además «los fenómenos irreversibles se producen como resultado de la particular naturaleza de nuestra cognición humana», según señala Watanabe (1953). Una vez más encontramos que la experiencia humana cumple una función decisiva, aun en sus ámbitos más «objetivos». Zee (1992) lo explica así: «El tiempo es ese concepto de la física al cual no podemos referirnos sin arrastrar al menos cierto grado de consciencia».

Incluso en las áreas aparentemente más claras, existen ambigüedades en todo lo que incumba al tiempo. Por ejemplo, aunque las especies animales más complejas pueden muy bien aumentar su complejidad, esto no se cumple necesariamente para todas las especies de manera uniforme, lo que sugiere a J.M. Smith (1972) que «resulta arduo establecer si la evolución como un todo sigue una dirección determinada».

Se argüirá que en términos cosmogónicos la «flecha del tiempo» se verifica automáticamente por el hecho de que las galaxias van distanciándose progresivamente unas de otras. Sin embargo, la opinión de que, en lo que concierne a los cimientos de la física, el «flujo» del tiempo es un factor irrelevante y en realidad no tiene ningún sentido parece ser prácticamente unánime; dicho con otras palabras, las leyes fundamentales de la física son completamente neutrales respecto de la dirección del tiempo (Mehlberg 1961, 1971, Landsberg 1982, Squires 1986, Watanabe 1953, 1956, Swinburne 1986, Morris 1984, Mallove 1987, D'Espagnant 1989, etc.). La física moderna llega a proveer escenarios en los que el tiempo cesa de existir —o bien, a la inversa, empieza a existir—. Así pues, ¿por qué esa asimetría temporal en nuestro mundo? ¿Por qué no puede el tiempo retroceder además de avanzar? Se trata de una paradoja, por cuanto todas las dinámicas moleculares individuales sí son reversibles. La idea principal, a la que regresaré más adelante, es que la flecha del tiempo se revela a sí misma a medida que se desarrolla la complejidad, en llamativo paralelismo con el mundo social.

El flujo del tiempo se manifiesta a sí mismo en el contexto del futuro y del pasado, que a su vez dependen de un referente que conocemos como el ahora. Desde Einstein y su relatividad, es patente la inexistencia de un presente universal: no podemos pronunciar un «ahora» vigente en todo el universo. No existe en absoluto ningún intervalo fijo que pueda considerarse independiente del sistema al cual se refiere, exactamente igual que la alienación es dependiente de su contexto.

Hurtaríamos así al tiempo la autonomía y la objetividad de que disfrutaba en el mundo newtoniano. Decididamente, las revelaciones de Einstein lo deslindan de forma mucho más individualizada que como se hacía con aquel monarca universal anterior a ellas. Descubrimos así que es relativo a condiciones específicas; concretamente, varía en función de factores tales como la velocidad y la gravitación. Pero aunque se haya vuelto más «descentralizado», también ha colonizado territorios de subjetividad antes vedados. Si el tiempo y la alienación han sometido al mundo bajo su férula, magro consuelo será el saber que dependen de circunstancias variables. El alivio provendrá más bien de actuar en consonancia con este entendimiento, pues la invariabilidad de la alienación es la causante de que el modelo newtoniano de un tiempo cuyo curso es inmutable mantenga su imperio sobre nosotros, incluso después de que sus fundamentos teóricos fueran eliminados por la relatividad.

La teoría cuántica, que se ocupa de las partes más diminutas del universo, es conocida como la teoría fundamental de la materia; y su meollo se deriva de otras teorías físicas fundamentales, como la de la relatividad, con la que coincide en no establecer distinción alguna respecto de la dirección del tiempo (Coveny y Highfield, 1990). Una premisa básica es el indeterminismo, según el cual el movimiento de partículas a este nivel es una cuestión de probabilidades. La física cuántica, que se ocupa de elementos tales como los positrones —definibles como electrones que retroceden en el tiempo— o los taquiones —partículas más veloces que la luz y capaces de generar efectos y contextos en los que también se invierte el orden temporal (Gribbin 1979, Lindley 1993)—, ha suscitado preguntas fundamentales sobre el tiempo y la causalidad. El micromundo cuántico ha descubierto que las relaciones acausales corrientes transcienden el tiempo, ponen en tela de juicio la misma noción de la ordenación de los eventos en él. Pueden existir «conexiones y correlaciones entre eventos muy distantes en ausencia de cualquier fuerza o señal intermediaria» que se produzcan de manera instantánea (Zohar 1982, Aspect 1982). El eminente físico norteamericano John Wheeler ha llamado la atención (1977, 1980, 1986) sobre fenómenos en los cuales acciones realizadas ahora consiguen afectar el curso de acontecimientos que ya habían sucedido.

Gleick (1992) resume la situación en estos términos: «En cuanto desapareció la simultaneidad, la secuencialidad empezó a zozobrar, lo cual sometió a la causalidad a considerables presiones, de manera que la mayoría de los científicos se vio con las manos libres para considerar posibilidades temporales que se hubieran considerado extravagantes hace una generación». Al menos un enfoque de la física cuántica ya ha intentado prescindir completamente de la noción de tiempo (J.G. Taylor 1972). D. Park (1972), por ejemplo, asegura «preferir la representación atemporal a la temporal».

Esta confusa situación de la ciencia no puede dejar de reflejarse en las adversidades padecidas por el mundo social. Al igual que el tiempo, la alienación genera presiones y fenómenos cada vez más extraños, de suerte que esas preguntas fundamentales a que se enfrenta la ciencia acaban por emerger, casi de manera inevitable, también en la sociedad.

Si ya en el siglo V San Agustín se quejaba de no comprender en qué consistía realmente la medición del tiempo, Einstein, aun admitiendo que no se trataba de una definición muy científica, solía referirse al tiempo como «lo que mide el reloj». La física cuántica, por su parte, postula la inseparabilidad del medidor y lo medido. En virtud de un proceso que los físicos no dicen entender por completo, el acto de medir u observar no se limita a revelar el estado de una partícula sino que de hecho lo determina (Pagels 1983). Todo esto suscita a Wheeler (1984) la siguiente pregunta: «¿No estará todo —incluido el tiempo— construido de la nada a partir de actos de participación del observador?» Nos encontramos de nuevo ante otro sugestivo paralelismo, pues la alienación, en todos sus niveles y desde su origen, necesita, prácticamente por definición, de ese tipo exacto de participación.

La flecha del tiempo, irrevocable y unidireccional, es un monstruo que se ha revelado más pavoroso que cualquier proyectil físico. Dado que el tiempo sin dirección no es tiempo en absoluto, Cambel (1993) identifica esta unidireccionalidad como «una característica fundamental de los sistemas complejos». Schlegel (1961) concluye que el comportamiento de reversibilidad temporal que muestran las partículas atómicas suele trocarse en irreversibilidad cuando se observa el comportamiento de dichos sistemas más complejos. Y si no está radicado en el micromundo, ¿de dónde procede el tiempo? Mejor dicho, ¿de dónde procede nuestro mundo atado por él? Aquí nos tropezamos con una analogía bien sugestiva: el reversible mundo a pequeña escala que nos describen los físicos y su misteriosa transformación en un macromundo de sistemas complejos puede servir como metáfora del mundo social «primitivo» y los orígenes de la división del trabajo, que nos conduce a sociedades complejas, divididas en clases y caracterizadas por un «progreso» aparentemente irreversible.

Un axioma generalmente aceptado por la física postula que la flecha del tiempo depende de la segunda ley de la termodinámica (véase, por ejemplo, Reichenbach 1956), que a su vez dice que todo sistema tiende a un desorden cada vez mayor, a la entropía. Así pues, el pasado es más ordenado que el futuro. Algunos patrocinadores de dicha segunda ley (como Boltzmann 1866) han hallado en la progresión entrópica el significado mismo de la distinción entre el pasado y el futuro.

Este principio general de irreversibilidad se desarrollaría mediado el siglo XIX, a partir de los trabajos de Carnot en 1824, cuando el capitalismo industrial aparentemente había alcanzado un punto sin retorno. Pero si bien de la aplicación del tiempo irreversible cabía deducir una consecuencia optimista, las teorías evolutivas, el mismo principio también permitía extraer una consecuencia pesimista: la segunda ley de la termodinámica. En su enunciado original, esta ley describía el universo como un enorme motor calórico en vías de agotamiento, cuyo trabajo se volvía cada vez más proclive a la ineficacia y el desorden. Sin embargo, como observaría Toda (1978), ni la naturaleza es un motor ni realiza trabajo alguno ni muestra la menor preocupación por conceptos como «orden» y «desorden». Difícilmente podría pasarse por alto la faceta cultural de esta teoría; a saber, el temor del capital por su propio futuro

Ciento cincuenta años más tarde, los físicos teóricos cayeron en la cuenta de que la segunda ley y su supuesta explicación de la flecha del tiempo no podían considerarse un problema resuelto (Nueman 1982). Muchos defensores del tiempo reversible en la naturaleza consideran la segunda ley demasiado superficial, la consideran una ley secundaria y no primaria (por ejemplo, Haken 1988, Penrose 1989). Otros (como Sklar 1985) encuentran fallas y problemas en la definición misma del concepto de entropía. En relación con la acusación de superficialidad, se argumenta que los fenómenos descritos por la segunda ley pueden adscribirse a ciertas condiciones iniciales en particular, pero no representan el funcionamiento de un principio general (Davies 1981, Barrow 1991). Es más, esta diferencia entrópica está muy lejos de darse por igual o en absoluto en todo par de eventos unidos recíprocamente por relaciones de «anterioridad» y «posterioridad». La ciencia de la complejidad (cuyo ámbito es más extenso que el de la teoría del caos) ha descubierto que no todos los sistemas tienden hacia el desorden (Lewin 1992), lo que también refutaría la segunda ley. Más todavía: aquellos sistemas aislados que no permiten intercambio alguno muestran la tendencia a la irreversibilidad propia de la segunda ley, pero incluso el universo podría no ser uno de esos sistemas cerrados. Como señala Sklar (1974), no sabemos si la entropía total del universo aumenta, disminuye o permanece estacionaria.

Pese a estas aporías u objeciones, el movimiento hacia una «física irreversible» basada en la segunda ley continúa su avance, del cual se derivan implicaciones muy interesantes. Ilya Prigogine, Premio Nobel de Física en 1977, parece ser el más influyente e infatigable valedor de la idea de que existe un tiempo innato e unidireccional en todos los niveles de la existencia. Aunque los fundamentos de toda teoría científica mayor sean, según se ha observado, neutrales respecto del tiempo, Prigogine otorga a està magnitud un énfasis primigenio en el universo. La irreversibilidad constituye para él y sus correligionarios un axioma primario y omnipresente. Para esta ciencia supuestamente no partidista, el tiempo se ha convertido claramente en una cuestión política.

Escuchemos a Prigogine en un simposio celebrado en 1985 bajo la munificencia de Honda para fomentar proyectos como el de la Inteligencia Artificial: «Cuestiones como el origen de la vida, el origen del universo o el origen de la materia ya no se pueden examinar sin recurrir a la irreversibilidad». No es ninguna coincidencia que Alvin Toffler —que no tiene nada de científico pero sí mucho de *cheerleader* o animador típicamente norteamericano dispuesto a guiar al mundo a las más altas cimas tecnológicas— propinara un entusiasta empujón a uno de los textos básicos de esta campaña pro tiempo, *Prigogine and Stenger's Order Out of Chaos* (1984). Ervin Laszlo, discípulo de Prigogine, puja por legitimar y extender el dogma de un tiempo universalmente irreversible preguntándose (1985): ¿serán las leyes de la naturaleza aplicables a la sociedad? Y como era de esperar, no tarda en responder su propia y nada cándida pregunta: «La irreversibilidad generalizada de la innovación tecnológica anula la indeterminación de ciertos puntos de bifurcación individuales y conduce los procesos históricos en la dirección que ya se ha observado desde las tribus primitivas hasta los modernos estados tecno-industriales». ¡Cuán «científico»! Semejante transposición de las «leyes de la naturaleza» al mundo social resulta difícilmente superable en cuanto a descripción de lo que representan el tiempo, la división del trabajo y la mega-máquina que aplasta toda autonomía o «reversibilidad» de las decisiones humanas. Leggett (1987) lo expresó a la perfección: «Todo parece indicar que esa flecha del tiempo lanzada por la aparentemente impersonal termodinámica está íntimamente relacionada con lo que nosotros podemos o no podemos hacer como agentes humanos».

Así pues, Prigogine y otros como él prometen desembarazar a las clases dirigentes del «caos», gracias al modelo de un tiempo irreversible. El reino del capital siempre ha temido la entropía o el desorden. La resistencia, en especial la resistencia al trabajo, es la verdadera entropía, ésa que el tiempo, la historia y el progreso buscan constantemente desterrar. Prigogine y Stenger (1984) lo expresan en estos términos: «La irreversibilidad es verdadera en todos los niveles o en ninguno». Las apuestas definitivas de este juego están, como se ve, en todo o nada.

Desde que la civilización impuso su yugo a la humanidad, hemos tenido que vivir con la melancólica idea de que nuestras más altas aspiraciones quizás sean imposibles en un mundo dominado por un tiempo en ascenso inexorable. Cuanto más se aplacen y desplacen fuera de nuestro alcance el placer y el conocimiento —y no otra es la esencia de la civilización—, más palpable devendrá la dimensión temporal. La nostalgia del pasado, la fascinación por la idea del viaje a través del tiempo y la acalorada busca del aumento de nuestra longevidad son algunos de los síntomas de esta enfermedad, para la que no parece existir cura presta. Como advirtió Merleau-Ponty (1945), «aquello que no transcurre en el tiempo constituye el propio transcurso del tiempo».

Pero aparte de la general y natural antipatía que el tiempo despierta, es posible señalar algunas manifestaciones recientes y especificas de oposición a él: la Asociación por el Retraso del Tiempo, fundada en 1990 y activa en cuatro países europeos, cuenta con varios cientos de socios cuyo principal objetivo, bastante menos peregrino de lo que podría imaginarse, consiste en invertir la progresiva aceleración del tiempo en la vida cotidiana con el fin de depararse a sí mismos una existencia más satisfactoria. La *Negative Theology of Time*, debida a Michael Theunissen (1991), se dirige explícitamente contra el que considera el enemigo por antonomasia de la humanidad. Esta obra ha engendrado un muy vivo debate en círculos filosóficos (Penta 1993), a causa de su exigencia de una reconsideración del tiempo en negativo.

«El tiempo», escribió Merleau-Ponty (1962), «es el único movimiento apropiado a sí mismo en todas sus partes». Véase la completitud de la alienación en el enajenado mundo del capital. Nuestra concepción del tiempo es anterior a la concepción de sus partes; y así, éste nos revela la totalidad. La crisis del tiempo es la crisis del todo. Su triunfo, incuestionable en apariencia, de hecho nunca fue completo mientras hubiera alguien capaz de cuestionarse las premisas que originan su ser.

Nietzsche halló inspiración para su *Así habló Zaratustra* sobre el lago Silviplana, «dos mil metros por encima de los hombres y del tiempo», como anotaría en su diario. Pero no es factible transcender el tiempo mediante un altivo desprecio por la humanidad, porque la superación del enajenamiento que provoca no es tarea que pueda emprenderse en solitario. En este sentido, me quedo con la formulación de Rexroth (1968): «El único Absoluto es la Comunidad del Amor que pone fin al Tiempo».

¿Podemos poner fin al tiempo? Su trayectoria puede contemplarse como la dueña y la medida de una existencia social que se ha vuelto cada vez más vacía y tecnologizada. Averso a todo lo espontáneo e inmediato, el tiempo revela con creciente claridad sus lazos con la alienación. Por eso, el alcance de nuestro proyecto renovador deberá abarcar toda la longitud de esta dominación conjunta que padecemos. Y nuestras vidas fragmentadas sólo podrán llegar a vivirse plenamente —esto es, atemporalmente— cuando hayamos borrado la causa primera de esta fragmentación ◆

BIBLIOGRAFÍA[1]

Abraham, G. (1974): *The Tradition of Western Music*. Berkeley: University of California Press.
Adorno, T. (1974): *Introduction to the Sociology of Music*. Nueva York: Seabury Press. Traducción inglesa de E.B. Ashton.
—. (1973): *Philosophy of Modern Music*. Nueva York: Seabury Press. Traducción inglesa de Anne G. Mitchell y Wesley V. Blomster.
—. (1984): *Aesthetic Theory*. Londres: Routledge y Kegan Paul. Traducción inglesa de Lenhardt.
Agel, Jerome (1971): *The Radical Therapist*. Nueva York.
Ainsworth, Mary D.S. (1967): *Infancy in Uganda: Infant Care and Growth*.
Allport (1983): «Language and Cognition», de *Approaches to Language*, ed. R. Harris. Oxford.
Arens, W. (1979): *Man Eating Myth: Anthropology and Anthropophagy*. Nueva York: Oxford.
Baily y Callow (1986): *Stone Age Prehistory*. Cambridge.

[1] No se incluyen, por no encontrarse disponibles, las referencias bibliográficas correspondientes a «El malestar en el tiempo».

Ballantine,C. (1984): *Music and Its Social Meanings*. Nueva York: Gordon y Breach.
Barsky, Arthur (1988). *Worried Sick*.
Barthes, Roland (1970): *The Empire of Signs*.
Baudrillard, Jean. (1972): *Mirror of Production*.
Beauvoir, Simone de (1949): *Le deuxième sexe*. París: Gallimard.
Begler, Elsie (1978): «Sex, Status and Authority in Egalitarian Society», American Anthropologist. Vol. 80.
Bekker, P. (1927): *The Story of Music*. Nueva York: W.W. Norton. Traducción inglesa de M.D. Herter Norton y Alice Kortschak.
Benedict, Ruth (1946): *Patterns of Culture*. Nueva York.
Berndt, Ronald M. (1974): *Australian Aboriginal Religions*. Leiden: Brill.
Bianconi, L. (1987): *Music in the Seventeenth Century*. Cambridge: Cambridge University Press. Traducción inglesa de David Bryant.
Bier, Douglas La (1986): *Modern Madness*.
Binford, Lewis R. (1968): *New Perspectives in Archaeology*. Chicago: Aldine.
—. (1972): *An Archaeological Perspective*. Nueva York: Seminar Press.
—. (1984): *Faunal Remains from Klasies River Mouth*. Nueva York: Academic Press.
—. (1989): «Were There Elephant Hunters at Tooralba?», de *The Evolution of Modern Hunting*. Eds. Nittecki y Nittecki. Nueva York.
Bittker (febrero de 1985): «The Industrialization of American Psychiatry», American Journal of Psychology.
Bloch, M. (1977): «The Past and the Present», de *The Present Man*. Vol. 12.
Bloch, E. (1985): *Essays on the Philosophy of Music*. Cambridge: Cambridge University Press. Traducción inglesa de Peter Palmer.
Bodley, John. (1976): *Anthropology and Contemporary Human Problems*. Menlo Park, California.
Bonavia, F., ed. (1956): *Musicians on Music*. Londres: Routledge y Kegan Paul.
Boulez, P. (1968): *Notes of an Apprenticeship*. Nueva York: Alfred A. Knopf. Traducción inglesa de Herbert Weinstock.
Boyden, S.V. (1970), ed.: *The Impact of Civilization on the Biology of Man*. Toronto.
Brandt, W. (1963): *The Way of Music*. Boston: Allyn y Bacon.
Brown, Norman O. (1959): *Life Against Death*. Nueva York.

—. (1966): *Love's Body*. Nueva York.
Budd, M. (1985): *Music and the Emotions: the Philosophical Theories*. Londres: Routledge y Kegan Paul.
Buikstra, Jane A. (1976): *Hopewell in the Lower Illinois Valley*. Chicago.
Bukhofzer, M. (1974): *Music in the Baroque Era*. Nueva York: Harper y Row.
Burke, P. (1978): *Popular Culture in Early Modern Europe*. Nueva York: New York University Press.
Burkhardt, J. (1958): *The Renaissance in Italy, II*. Nueva York: Harper y Row.
Canetti, E. (1978): *The Human Province*. Nueva York: Seabury Press. Traducción inglesa de Joachim Neugroschel.
Castel y Lovell (1982): *The Psychiatric Society*.
Chenneviere, R. (1920): «The Rise of the Musical Proletariat», de The Musical Quarterly, vol. 6.
Cipriani, Lido. (1966): *The Andaman Islanders*. Nueva York.
Clark y Piggott. (1965): *Prehistoric Societies*. Nueva York.
Clark, Graham (1977): *World Prehistory in New Perspective*. Cambridge.
Clark, P. (1985): *The European Crisis of the 1590's*. Londres: Allen y Unwin.
Coontz y Henderson eds. (1986): *Women's Work*. Londres.
Copland, A. (1961): *Music and Imagination*. Cambridge: Harvard University Press.
Cotlow, Lewis (1971): *Twilight of the Primitive*. Nueva York.
Dahlberg, Frances, ed. (1981): *Woman the Gatherer*. New Haven.
Damas, David (1972): «Central Eskimo System of Food Sharing», de *Ethonology II*, pp. 220-36.
Darwin, Charles (1871): *The Descent of Man*. Londres.
Davies, Nigel (1981): *Human Sacrifice*. Nueva York.
De Vries (1952): *Primitive Man and his Food*. Chicago.
Deleuze y Guattari (1977): *Anti-Oedipus*. Nueva York: Viking Press.
Delson (1985): *Ancestors, the Hard Evidence*. Nueva York.
Dent, E. (1965): The Future of Music. Oxford, Nueva York: Pergamon Press.
Derrida (1974): *Glas*. París: Editions Galilée.
—. (1978): *Spur. Nietzsche's Styles*. Chicago: University of Chicago Press.
Diamond, Stanley, ed. (1964): *Primitive Views of the World*. Nueva York.
Duffy, Kevin (1984): *Children of the Forest*. Nueva York.

Dunwell, W. (1962): *Music and the European Mind*. Nueva York: T. Yoseloff.

Durant, A. (1984): *The Condition of Music*. Albany: State University of New York Press.

Durant, John, ed. (1989): *Human Origins*. Oxford.

Ehrenberg, Margaret (1989): *Women in Prehistory*. Norman: University of Oklahoma Press.

Eisenstadt, A. (1985): *Eisenstadt on Eisenstadt*. Nueva York: Abbeville Press.

Ellis, Bret Easton (1991): *American Psycho*.

Estioko-Griffen, Agnes and Griffen, P. Bion (1981): «Woman the Hunter», de *Woman the Gatherer*, ed. F. Dahlberg. New Haven.

Ewen, Stuart (1976): *Captains of Consciousness*. Nueva York.

Fagan, Brian (1989): «The Science of Archaeology Comes of Age», *Archaeology*, vol. 42. .

—. (1990): *The Journey from Eden*. Londres.

Farbland, Armelagos (1980): *Consuming Passions*. Boston.

Festinger, Leon (1983): *The Human Legacy*. Nueva York: Columbia University Press.

Foster, Mary LeCren (1990): «Symbolic Origins and Transitions in the Paleolithic», de *The Emergence of Modern Humans*, ed. Paul Mellars. Ithaca, Nueva York.

Foucault, Michel (1972): *The Archaelogy of Knowledge*.

Freedman, F., ed. (1968): *Lectures on the History and Art of Music*. Nueva York: Da Capo Press.

Freud, Sigmund (1904): *Psychology of Everyday Life*.

—. (1920): *A General Introduction to Psychoanalysis*. Garden City, Nueva York: Garden City Publishing Co.

—. (1933): *New Introductory Lectures*.

Fried, Morton H. (ed.): *Explorations in Anthropology*. Nueva York: Thomas Y. Crowell.

Friedl, Ernestine (1975): *Women and Men: an Anthropological View*. Nueva York: Holt, Rinehart y Winston.

Frison (1986): «Communal Hunting Strategies», de *The Evolution of Human Hunting*. Eds. Nittecki y Nittecki. Nueva York.

Gans, Eric (1985): *The End of Culture*. Berkeley.

Gebser, J. (1985): *The Ever Present Origin*. Athens, Ohio: Ohio University Press. Traducción inglesa de Noel Barsted y Algis Mickunas.

Gero, Joan (1991): «Genderlithics: Women's Role in Stone Tool

Production», de *Engendering Archaeology: Women and Prehistory*. Eds. Gero y Conkly. Oxford.

Godelier, Maurice (1977): *Perspectives in Marxist Anthropology*. Nueva York: Cambridge University Press.

Goldman, R. (1965): *Harmony in Western Music*. Nueva York: W.W. Norton.

Goldschmidt, Walter (1990): *The Human Career*. Cambridge: Blackwell.

Gowlett, John (1984): *Ascent to Civilization*. Nueva York.

Gray, C. (1931): *The History of Music*. Nueva York: Alfred A. Knopf.

Gross, Martin L. (1978): *The Psychological Society*. Nueva York.

Hadingham, Evan (1979): *Secrets of the Ice Age*. Nueva York.

Hall, Trish (2 de enero de 1988): «Why All Those People Fell They Never Have Any Time», New York Times.

Harman, David (1987). *Illiteracy: A National Dilemma*.

Harner, Michael (1972): The Jivaro, People of the Sacred Waterfalls. Berkeley.

Harris, Marvin (1989): *Our Kind*. Nueva York.

Harris, Marvin y Eric Ross (1987): *Food and Evolution*. Filadelfia.

Hill,C. (1961): *The Century of Revolution*. Edimburgo: T. Nelson.

Hinds, Michael de Courcy (17 de febrero de 1990): New York Times.

Hochschild, Russell (1983): *Managed Heart*.

Hogg, Gary (1966): *Cannibalism and Human Sacrifice*. Nueva York.

Hollingshead y Redlich (1958): *Social Class and Mental Illness*.

Holloway, R.L. (1972): «Australopithicene endocasts...», de *Primitive Functional Morphology and Evolution*. Ed. por R.W. Tuttle. La Haya.

—. (1974): *Primate Aggression, Territoriality and Xenophobia*. Nueva York.

Holloway (1985): «The Poor Brain of Homo Sapiens Neanderthalensis...», de *The Emergence of Modern Humans*. Ed. Paul Mellons. Ithaca, Nueva York.

Homero: *La Ilíada*, libro II.

Horkheimer, M. y T. Adorno. (1972): *Dialectic of Enlightenment*. Nueva York: Continuum. Traducción inglesa de John Cumming.

Ingold, Riches y Woodburn, eds. (1988): *Hunters and Gatherers*. Oxford.

Ingold, Tim (1987): *The Appropiation of Native*. Iowa City.

Isaac, Glynn (1989): *The Archeology of Human Origins*. Cambridge.

Jacob, M. (1988): *The Cultural Meaning of the Scientific Revolution*. Filadelfia: Temple University Press.

Jacoby, Russell (verano de 1980): Telos.

Jelinek, Arthur (1980): «European Homo Erectus and the Origin of Homo Sapiens», de *Current Argument on Early Man*. Ed. L.K. Konigsson. Oxford.

Jochim, Michael (1983): «Paleolithic Cave Art in Ecological Perspective», de *Hunter-Gatherer Economy in Prehistory*. Nueva York.

Johanson, D.C. y Edey (1981): *Lucy, the Beginnings of Mankind*. Nueva York.

Kaufmann, W. (1976): *Musical References in the Chinese Classics*. Detroit: Information Coordinators.

Kelly, Robert L. (1991): «Sedentism, Sociopolitical Inequality, and Resource Fluctuations», de *Between Bands and States*. Ed. de S. Gregg. Carbondale, Illinois.

Kem, S. (1983): *The Culture of Time and Space, 1880-1918*. Cambridge, Massachussetts: Harvard University Press.

Kernberg, Otto (1975): *Borderline Conditions and Pathological Narcissism*.

Kittrie, Nicholas N. (1971): *The Right to Be Different: Deviance and Enforced Therapy*. Baltimore.

Kitwood, Tom (1984): *Technology, Development and Domination*. Manchester, New Hampshire.

Klarreich, Samuel (1988): *Stress Solution*.

Kolata, Gina (20 de febrero de 1990): New York Times.

Kraus, Gerhard (1990): *Human Origins and Development from an African Ancestory*. Londres.

Kroeber, Theodora (1961): *Ishi in Two Worlds: a Biography of the Last Wild Indian in North America*. Berkeley, California: University of California Press.

La Barre, Weston (1972): *Ghost Dance Origins of Religion. Londres*: Allen y Unwin.

Lafitau, Joseph F. (1974): *Customs of the American Indians Compared with the Customs of Primitive Times*. Toronto: Champlain Society.

Lambert, C. (1934): *Music Ho! A Study of Music in Decline*. Londres: Faber y Faber.

Larsen, Stephen (1982): *The Shaman's Doorway: Opening Imagination to Power and Myth*. Barrytown, Nueva York: Station Hill Press.

Lasch, Christopher. (1978): *The Culture of Narcissism*. Nueva York.

Lathrap, Donald Ward (1970): *The Upper Amazon*. Londres: Thames y Hudson.

Leacock (1978): «Women's Status in Egalitarian Society», *Current Anthropology*, vol. 19.

Leacock, Elanor y Richard B. Lee, eds. (1982): *Politics and History in Band Societies*. Cambridge.

Leakey, Richard y M.G. Leakey (1978): *The Fossil Hominids and an Introduction to their Context 1968-74*. Nueva York: Clavendon.

Lee, Richard B. (1976): *Kalahari Hunter-Gatherers: Studies of the !Kung San*. Cambridge: Harvard University Press.

—. (1979): *The !Kung San: Men, Women, and Work in a Foraging Society*. Nueva York: Cambridge University Press.

—. (1982): *Politics and History in Band Societies*. Nueva York: Cambridge University Press.

Lee, Richard e Irven DeVore (1968): *Man the Hunter*. Chicago: Aldine.

Leichentritt, H. (1938): *Music, History, and Ideas*. Cambridge, Massachussetts: Harvard University Press.

Lenski, Jean y Gerhard Lenski (1974): *Human Societies: An Introduction to Macrosociology*. Nueva York: McGraw Hill.

Leonard, George B. (1972): *The Transformation*. Nueva York.

Leppert, R. y S. McClary, eds. (1987): *Music and Society: The Politics of Composition, Performance, and Reception*. Cambridge: Cambridge University Press.

Levarie, S. y E. Levy. (1983): *Musical Morphology: A Discourse and a Dictionary*. Kent, Ohio: Kent State University Press.

Levi-Strauss, Claude (1969): *The Raw and the Cooked*. Nueva York: Harper y Row. Traducción inglesa de J. y D. Weightman.

—. (1955): *Tristes Tropiques*. Nueva York: Athenowm.

—. (1979): *Myth and Meaning*. Nueva York: Schocken Books.

Levin, Arthur (1980): *When Dreams and Heroes Died*. Nueva York: Carnegie Foundation.

Liebenstein, Harvey. *Inside the Firm*. Cambridge.

Lipman, S. (1979): *Music After Modernism*. Nueva York: Basic Books.

Lommel, Andreas (1967): *The World of the Hearly Hunters*. Londres: Evelyn, Adams y Mackay.

Marcuse, Herbert (1978): *The Aesthetic Dimension*. Boston: Beacon Press.

Marothy, J. (1974): *Music and the Bourgeois, Music and the Proletarian*. Budapest: Akademial Kiadu. Traducción inglesa de Eva Runa.

Marshall, Donald (1959): *The Harmless People*. Nueva York.

Marshall, Lonna (1976): *The !Kung of Nyae Nyae*. Cambridge, Massachussetts.

Martin, M. Kay y Barbara Voorhies (1975): *Female of the Species*. Nueva York.

Mellers, W. (1950): *Music and Society*. Nueva York: Roy Publishers.

Meyer, L. (1967): *Music, the Arts, and Ideas*. Chicago: University of Chicago Press.

Miller, Sue (finales de 1989): Baltimore Evening Sun.

Mitchell, D. (1963). *The Language Of Modern Music*. Londres: Faber y Faber.

Mitchell, Juliet. (1974): *Psycho-Analysis and Feminism*. Nueva York.

Mithen, Stephen J. (1990): *Thoughtful Foragers: A Study of Prehistoric Decision Making*. Nueva York: Cambridge University Press.

Morgan, Elaine (1985): *The Descent of Woman*. Londres.

Mumford (1972): *The Ecological Basis of Planning*. Nueva York.

Murphy, Yolanda y Robert Murphy (1985): *Women of the Forest* (2ª ed.): Nueva York: Columbia University Press.

Nance, John (1975): *The Gentle Tasaday: A Stone Age People in the Phillippines*. Nueva York: Harcourt, Brace, Jove.

Nettl, B. (1985): *The World Impact of Western Music*. Nueva York: Schirmer Books.

Nietzsche, F. (1964): «The Case of Wagner» y «Twilights of the Idols». *Works*. Nueva York: Russell y Russell.

Nisbet, Robert. *The Present Age: Progress and Anarchy in North America*.

Norbeck, Edward (1961): *Religion in Primitive Society*. Nueva York: Harper.

Norton. R. (1984): *Tonality in Western Culture: A Critical and Historical Perspective*. University Park: Penn State University Press.

Noske, Barbara (1989): *Humans and Other Cannibals*. Londres: Pluto Press.

Parker, G. y L. Smith. (1978): *The General Crisis of the Seventeenth Century*. Londres: Routledge y Kegan Paul.

Parry, H. (1930): *The Evolution of the Art of Music*. Nueva York: Appleton.

Peyser, J. (1986): *The Orchestra: Origins and Transformations*. Nueva York: Scribner.

—. (1971): *Twentieth Century Music*. Nueva York: Schirmer Books.

Pfeiffer, John E. (1969): *The Emergence of Man: A Pre-History of the Establishment*. Nueva York: McGraw-Hill.

—. (1982): *The Creative Explosion*. Nueva York: Harper y Row.

Pilbeam, David R. (1972): *The Ascent of Man: An Introduction to Human Evolution*. Nueva York: Macmillan.

Platón: *La república*.

Pleasants, H. (1962): *The Agony of Modern Music*. Nueva York: Simon y Schuster.

Poirier, Frank E. (1987): *Understanding Human Evolution*. Englewood Cliffs, New Hampshire: Prentice-Hall.

Post, Laurens van der (1958): *The Lost World of the Kalahari*. Nueva York.

Post, Laurens van der y Jane Taylor (1984): *Testament to Bushmen*. Nueva York.

Postman, Neil (1985): *Amusing Ourselves to Death*.

Radin, Paul (1937): *Primitive Religion*. Nueva York: Dover Publications.

Ralph, Diana (1983): *Work and Madness*.

Rankovic, M. (1979): «On the Unpopularity of Modern Music», de *International Review of the Aesthetics and Sociology of Music*, vol. X, nº 2.

Raynor, H. (1972): *A Social History of Music*. Nueva York: Schocken Books.

Reese, G. (1959): *Music in the Renaissance*. Nueva York: Norton.

Regier, Boyd, et. al. (Nov 1988): *Archives of General Psychiatry*.

Reich, Wilhelm (1970): *The Mass Psychology of Fascism*. Nueva York.

Riches, David (1982): *Northern Nomadic Hunter-Gatherers: a Humanistic Approach*. Nueva York: Academic Press.

Rightmire, Philip G. (1990): *The Evolution of Homo Erectus*: Nueva York: Cambridge University Press.

Roh, F. (1968): *German Paintinig in the 20th Century*. Greenwich, Connecticut: New York Graphic Society. Traducción inglesa de C. Hutter.

Rolland, Nicolas (1990): «Middle Paleolithic Socio-Economic Formations», de *The Emergence of Modern Humans*. Ed. por Paul Mellars. Ithaca, Nueva York.

Rosen, C. (1971): *The Classical Style*. Nueva York: Viking Press.

—. (1975): *Arnold Schoenberg*. Nueva York: Viking Press.

Rosen, R.D. (1977): *Psychobabble*. Nueva York.

Rothbarm y Weisz (1989): *Child Psychopathology and the Quest for Control*.

Roustang, Francois (1983): *Psychoanalysis Never Lets Go*.

Rowell, L. (1983): *Thinking About Music*. Amherst: University of Massachussetts Press.

Sagan, Eli (1985): *At the Dawn of Tyranny*. Nueva York.

Sahlins, Marshall (1983): «Raw Women, Cooked Men, and other "Great Things" of the Fiji Islands», de *The Ethnography of Cannibalism*. Eds. Brown y Tuzin. Washington.

—. (1968): «Notes on the Original Affluent Society», de *Man the Hunter*. Eds. Lee y Devore. Chicago.

—. (1972): *Stone Age Economics*. Chicago: Aldine.
Sanday, Peggy Reeves (1986): *Divine Hunger: Cannibalism as a Cultural System*. Nueva York: Cambridge University Press.
Sansom, Basil (1980): *The Camp at Wallaby Cross*. Camberra: Australia Institute of Aboriginal Studies.
Schaef, Anne Wilson (1987): *Society Becomes an Addict*.
Schenker, H. (1973): *Harmony*. Cambridge, Massachussetts: Harvard University Press.
Schorske, C. (1981): *Fin de Siecle Vienna: Politics and Culture*. Nueva York: Knopf.
Sheehy, Gail (1977): *Passages*.
Sheldon, D. (1986): «The Fugue as an Expression of Classical Values», *International Review of the Aesthetics and Sociology of Music*, vol. 17, pp. 29-51.
Shepherd, J. Ed. (1980): *Whose Music? A Sociology of Musical Languages*. New Brunswick, N.J.: *Transaction*, especialmente «The Musical Coding of Ideologies».
Shiffman, James R. (Feb 3, 1989): «Teenagers End Up in Pschiatric Hospitals in Alarming Numbers». Wall Street Journal.
Silberbauer, George B. (1981): *Hunter and Habitat in the Central Kalahari Desert*. Nueva York: Cambridge University Press.
Silbermann, A. (1963): *The Sociology of Music*. Londres: Routledge y Kegan Paul. Traducción inglesa de C. Stewart.
Simms, B. (1966): *Music of the Twentieth Century*. Nueva York: Schirmer Books.
Solomon, R. (1974). «Beethoven and the Sonata Form», Telos 19, pp. 144-145.
Spengler, O. (1932). *The Decline of the West*. Nueva York: Knopf.
Strainchamp, E. y M. Maniates, eds. (1984): *Music and Civilization*. Nueva York: Norton.
Straus, Lawrence Guy (1986): «Hunting in the Upper Paleolithic», de *The Evolution of Human Hunting*. Eds. Nittecki y Nittecki. Nueva York.
—. (1990): «The Early Upper Paleolithic in Southwest Europe», de *The Emergence of Modern Humans*. Ed. Paul Mellans. Ithaca, Nueva York.
Stravinsky, L. (1936): *An Autobiography*. Nueva York: Simon y Schuster.
Stromberg, R. (1975): *After Everything: Western Intellectual History Since 1945*. Nueva York: St. Martin's Press.
Strouse, Jean (editor): (1974): *Women and Analysis*. Nueva York.

Supplee, Curt (enero de 1990): Washington Post.

Szasz, Thomas S. (1970): *Ideology and Insanity*. Garden City, Nueva York.

Tame, D. (1984). *The Secret Power of Music*. Nueva York: Destiny Books.

Tanaka, Yasua (1976): *The San: Hunter-Gatherers of the Kalahari*. Tokyo: Tokyo University Press.

—. (1980): *Somehow, Crystal*.

Tanner, Nancy (1981): *On Becoming Human*. Cambridge.

Tanner y Zihlman (1976): «Women in Evolution». *Signs*. Vol 1.

Taylor, R. (1979): *Richard Wagner*. Nueva York: Taplinger Publishing Company.

Thomas, Elizabeth Marshall (1959): *The Harmless People*.

Torrey (1980): *Schizophrenia and Civilization*.

Tovey, D. (1956): *The Forms of Music*. Nueva York: Meridian Books.

Trinkhaus, Erik (1986): «The Neanderthal and Modern Human Origins», de *The Emergence of Modern Humans*. Ed. Paul Mellans. Ithaca, Nueva York.

Turnbull (1970): *Tradition and Change in African Tribal Life*. Cleveland.

—. (1981): «Mbuti Womanhood», de *Woman the Gatherer*. Ed. F. Dahlberg. New Haven.

Turnbull, Colin (1976): *Man in Africa*. Garden City, Nueva York. Anchor/Doubleday.

—. (1962): *The Lonely African*. Nueva York: Simon y Schuster.

—. (1965): *The Mbuti Pygmies*. Nueva York.

Tuzin, Donald F. (1976): *The Llahita Arapesh: Dimensions of Unity*. Berkeley: University of California Press.

Vaneigem, Raoul (1975): *The Revolution of Everyday Life*.

Wenke, Robert (1984): *Patterns in Prehistory*. Nueva York.

Wever, M. (1958): *The Rational and Social Foundations of Music*. Carbondale: Southern Illinois University Press.

White, Leslie (1959): *The Evolution of Culture*. Nueva York: McGraw-Hill Book Co.

Whyte, Martin King (1978): *The Status of Women in Preindustrial Societies*. Princeton.

Wilson, Peter J. (1988): *The Domestication of the Human Species*. New Haven.

Woodburn, James (1968): «An Introduction to Hazda Ecology», de *Lee and DeVore's Man the Hunter*, pp. 49-55. Chicago.

Wymer, John (1981): *The Palaeolithic Age*. Nueva York: St. Martin's Press.

Wynn, Thomas (1985): *The Evolution of Spatial Competence.*

Wyshograd, Edith (1990): *Saints and Postmodernism.*

Xenakis, I. (1971): *Formalized Music.* Bloomington: Indiana University Press.

Xenakis, I. (1985): *Arts/Sciences: Alloys.* Nueva York: Pendragon Press.

Yankelovich, Daniel (1981): *New Rules.*

Yellen, J. y Lee (1976): «The Dobe-Duda Environment», de *Kalahari Hunter-Gatherers.* Eds. Lee y DeVore. Cambridge, Massachussetts.

Zerzan, John (1988): *Elements of Refusal.* Seattle: Left Bank Books.

Zihlman, Adrienne (1981): «Women as Shapers of the Human Adaptation», de *Woman the Gatherer.* Ed. F. Dahlberg. New Haven, Connecticut ◆

INDICE

7 Prólogo, *Moisés Ramírez*
19 Antílogo, *Gustavo Bueno*
47 Futuro de Primitivo
81 Psicología de masas desdichadas
111 Tonalidad y totalidad
141 El malestar del tiempo
177 Bibliografía

Este libro se termino de imprimir en los talleres
de Grafman, S.A. de Gallarta (Vizcaya)
en septiembre de 2001